教科書には載っていない
戦争の発明

熊谷充晃 著

彩図社

はじめに

現在の日本において、戦争は〝絶対悪〟とされている。

なるほど、ひとたび戦争となれば当事国の兵士は殺し合いをしなければならず、関係のない一般市民が犠牲になることも少なくない。戦争が終結してもゲリラやテロリストの活動は続き、場合によっては言論・文化活動にまで影響が及ぶ。

こうした戦禍から、戦後日本を守ってきたのが、侵略戦争を禁じた「日本国憲法」の第9条だと主張する勢力はもちろんのこと、憲法9条を改正すべきだとしている人々も、それはあくまでも「日本が戦争に巻き込まれないための予防措置」だといっている。

このように、戦争は絶対に引き起こしてはいけない忌むべきものであり、人類に不幸しかもたらさないと、思想信条を問わず皆がそう考えている。

しかし、あえて言いたい。

これまで世界で起きた戦争によって、私たちにもたらされた、良いことがひとつある。

人類が生活するなかで、当たり前にお世話になっている数々の製品――時間を知るために必要な「腕時計」、冬に便利な「トレンチコート」や「ダッフルコート」、食生活には欠かせない「電子レンジ」や「缶詰」、できることならお世話になりたくない「救急車」——実は、これらはすべて戦争によって普及した〝戦争の発明〟なのである。

なぜ、国同士で殺し合いをしているのに、便利な発明が生まれるのだろうか？

「戦争状態」という国家・民族の存亡がかかった局面では、持てる知識や技術が集中的に活用され、平時には思いもよらないほどの急激な技術発展や、新技術の発見がなされるのだ。また、それが戦場で使う兵器だったとしても、戦争が終わってから民生品としての用途を見出され、転用されるケースも多い。

これは、善悪の問題とは別に、間違いなく戦争が持っている特性のひとつなのだが「戦争を肯定している」ととられたくないからか、おおっぴらに語られることはほぼない。

本書は、そうした私たちの身の回りの〝戦争の発明〟について、その発明の意外な経緯や、戦争との関わりについて、たっぷりと紹介・解説するものである。

まず第一章では、世界初の抗生物質である「ペニシリン」や、医療の最前線で使われている「抗癌剤」、飛行機を飛ばすためには不可欠な「ロケットエンジン」など、戦争がきっかけで普及したテクノロジーの数々を紹介する。

続く第二章では、先ほど挙げたような、戦争にルーツを持つ身近な製品の数々を取り上げる。「ボールペン」や「凧」、「カレーライス」といった馴染み深いものから「点字」といった意外な発明も登場する。

戦争は科学技術だけではなく、思想や政治システムなど、目に見えないものも発明し、進化させてきた。第三章では少し視点を変え、こうした、戦争がきっかけで作り出された仕組みや考え方――日本の「健康保険制度」や「源泉徴収」、「国際赤十字」などについて紹介する。

最後に第四章では、本書で紹介する数々の〝戦争の発明〟に、大きく貢献した人物たちの生涯をたどる。革新的な治世によって数々の発明を呼び込んだ英雄や、発明によって巨万の富を築いた者、戦争に関わったことで人生を狂わされた科学者など、彼らの波乱に富んだ歩みを、小伝という形で解説した。

本書を読み終えたとき、あなたの身の回りのものに対する見方は、きっと大きく変わっていることだろう。

戦争の発明　目次

CHAPTER 2

戦争をルーツに持つ日用品

CHAPTER 3

戦争によって生まれたシステム

CHAPTER 4

戦争と偉大な発明者たち

163

第一章◉ 戦争が発明したテクノロジー

INVENTION 1

鉄道

【大量に人と物資を運んで戦争を変えた】

Railroad

●完成度が高かった世界初の貨客鉄道

現代人が「鉄道」という言葉を使うときは、乗客と貨物を運び、両方向に進める交通手段を指している。そうした意味で、現代的な鉄道のルーツと呼べるのは、1830年に開通式が執り行われた「リヴァプール＆マンチェスター鉄道」ということになる。

それまでも、石炭などの地下資源を水路まで運搬する手段として用いられてきたが、運ぶものは限られていた。それが、現在のように人も物も運ぶ交通手段として産声をあげたのだ。

開業時点ですでに複線となっていて対面通行が可能だったばかりではなく、ときには人力を使っていた旧来型と違い、動力はオール蒸気機関。すべてにおいて最先端※で、見学に訪れた外国要人たちに大きな衝撃を与えている。

※すべてにおいて最先端　ちなみに、この鉄道に採用されたジョージ・スティーヴンスン設計の機関車は、2本のレール間が1435ミリメートルという規格だったが、これは現代でも「標準軌」として残っており、日本でも新幹線などが未だにこのレール幅を使っている。

●誕生と同時に構想されていた軍事利用

「リヴァプール＆マンチェスター鉄道」の開業から間もなく、鉄道の持つ軍事的な有用性を指摘した者がいた。経済学者フリードリヒ・リストがそうで、彼は、「計画が行き届いた鉄道網は軍隊を急速に遠方まで移動させることが可能」とし、「一方の敵を殲滅して後に移動して別方面の敵を殲滅」できると考えた。

「リヴァプール＆マンチェスター鉄道」の開業記念列車

やがてこのテクノロジーが戦争とともに発展し、戦争の形を変えてしまうことを予言したのだ。

これを最初に実践してみせたのは、帝政ロシアで、1846年に1万4500もの兵士・馬を鉄道で輸送し、200マイルを2日間で移動させることに成功している。

1850年にはオーストリア軍がハンガリーとオーストリアから合計7万5000人という大兵力をボヘミアに移動・終結させ、プロイセンを降伏にいたらしめている。

8年後には、ナポレオン3世時代のフランスが、「イタリア統一戦争※」で、1カ月間で60万人以上の兵士と12万以上の馬匹を鉄道輸送する。

これは当時のフランス軍の全常備兵力のうち、3分の

※イタリア統一戦争
1859年、ナポレオン3世時代のフランスが、サルデーニャ王国との対オーストリア密約に応じ、イタリアのロンバルディアに出兵した戦い。

「奉天会戦」に敗れ後退していくロシア軍の様子

1が作戦に従事したことになる。

これが決定打となり、各国は、鉄道網の整備が近代戦争の勝利に不可欠だと悟り、続々と領土や植民地に鉄道を敷設しはじめる。

鉄道によって、短時間で兵士や物資を輸送できるようになると、どうなるか。そう、戦争の規模自体が桁違いに大きくなってしまったのである。

それだけではなく、前線に大量の兵力を輸送したり、兵糧を供給されることによって、双方が戦争を長期間継続することが可能となり、なかなか勝敗がつかなくなってしまった。

例えば、1904年の「日露戦争」だ。

帝政ロシアは日本を国力で上回っていたものの、財政が逼迫していたうえに、国内情勢が混乱しており、兵の士気も低く将の質も良いとはいえなかった。

それでも、世界最長の「シベリア鉄道」※という圧倒的な兵站を確保していたため、日本軍は緒戦で勝利を収めながらも、決定打を欠いていた。両軍合わせて60万人という大兵力が激突する「奉天会戦」に辛勝したことによって、ようやく活路が開いている。

※シベリア鉄道
ロシアを東西に横断する世界一長い鉄道。全長は実に9297キロ。東洋と西洋をまたいでおり、中国・北朝鮮・モンゴルとの直通運転がある。

ロシアの植民地に攻め込んでいった日本が苦戦したように、近代戦においては鉄道インフラが整った国相手への攻撃は、攻撃側が圧倒的に不利だといえる。精強を誇るドイツ軍も2度の世界大戦でロシアに侵攻しているが、案の定撃退されている。

もっとも、「第二次世界大戦」後は、核兵器をはじめとする誘導性能の高い新兵器が登場したこともあって、有事における鉄道の活躍は影を潜めていった。

●戦時に造られた鉄道は今も現役

では、日本の鉄道と戦争の関わりはどうだったのだろうか。

もともと日本は鉄道開通以来、近代化を支える土台として鉄道網の発達※に力を注いできた国だったから、敵国内での兵站の重要性に気付いた「日清戦争」後は、陸軍に「鉄道連隊」が置かれ、戦地における鉄道の建設・修理・運転を担った。

鉄道連隊は戦地のみならず国内各地でも訓練を兼ねて鉄道建設を請け負い、事業者は材料費を負担するだけでよかったため、各地で重宝された。そうして設置された線路が、後に営業路線として活用されているケースもある。特に鉄道連隊の本拠地が置かれた千葉県に多く、ＪＲ久留里線や東武野田線、新京成線の一部や小湊鐵道などがそうだ。

※鉄道網の発達
この頃は、「軽便鉄道」といって、狭いレール幅に台車のように小さな貨車や客車を走らせるタイプの鉄道も敷設されていた。レール幅もまちまちで、動力を持たない手押し車方式もあったのだ。

INVENTION 2

【もともとは大砲の運搬車だった】

自動車

Car

●試作されてすぐに〝自動車事故〟

自動車の歴史は古く、誕生は1769年。日本はまだ江戸時代であった。当時「七年戦争」において、プロイセンとイギリスに敗北したフランスは、エティエンヌ＝フランソワ・ド・ショワズール宰相のもと、軍事力の強化に乗り出していた。

その一環として、ショワズール宰相は、軍事技術者ニコラ＝ジョゼフ・キュニョー※に、大砲を運ぶための、蒸気を使った大型運搬車の開発を命じる。それまでは大砲の運搬には馬を使っていた。

2年かけて2台が試作され、2台目はなんと全長7メートルを超えた。

木製の大八車のような台車に、蒸気機関が取り付けられたもので、時速は10キロ程度。それでも当時としては画期的で、ハンドル操作も可能だった。その操作ミスから世界初の

※ジョセフ・キュニョー（1725〜1804）
フランスの軍事技術者。世界で最初の自動車である蒸気三輪自動車を開発した。開発した自動車で事故を起したため、世界で最初に自動車事故を起こした人物でもある。後年はナポレオン・ボナパルトに仕えた。

自動車事故を起こしたというエピソードが残っている。なお、その事故による故障を修理している間にプロジェクトを推進していたショワズール宰相が失脚してしまい、実用化されることはなかった。

その後、ジェームズ・ワット※が新式の蒸気機関を開発するなどして技術が向上し、さらに電気自動車も発明されるなど、徐々にそれまでの移動手段であった馬車の既得権益を崩していった。

※パリ工芸博物館に展示されているキュニョーの砲車（2号車）

現在、主流となっているガソリン自動車が誕生するのは、日本が明治時代を迎えている１８８５年頃だ。ドイツ人ゴットリープ・ダイムラーがガソリンエンジンの四輪車を、同じくドイツ人のカール・ベンツが三輪車を完成させ、販売に乗り出したのだ。

その2年後には、イギリスのダンロップが自転車用ながら空気タイヤを実用化し、１８９５年に開催された自動車レースでは、フランスのミシュランが空気タイヤを引っさげて参戦するなど、現在の自動車産業を支える面子が早くも揃いはじめていた。

さらにハンドルも、それまでの棒状のものから、現代

※ジェームズ・ワット（１７３６～１８１９）
イギリスの発明家。蒸気機関を改良し、産業革命の前進に大きく貢献した。具体的には、当時のシリンダーが無駄に熱量を消費していることに気付き、設計を改良することで機関の効率性を高めた。

の自動車に見られる円形のものに進化するなど、あとは大衆の間に浸透するのを待つばかりであった。

1500万台以上が生産された「T型フォード」の初期型

●「T型フォード」の誕生

ヨーロッパ発祥だった自動車産業だが、ある自動車の登場で一気にアメリカが台頭することになる。

1908年、フォード社による「T型フォード」の生産開始である。それまで自動車は、1台を数人の職人が取り囲み、1台ずつ完成させていたのだが、創業者ヘンリー・フォードはT型を量産するべく「ベルトコンベア方式[※]」を導入する。労働者ひとりあたり1工程を専門に担当させ、異なる工程を担当する労働者を横並びにした。

ベルトコンベアに載せられた自動車の型が、ある工程の場所にストップすると、受け持つ労働者が作業にとりかかる。終わったら次の工程を担当する労働者の前に型が移動し、ここで次の工程が始まる。さきほどまで作業をしていた労働者の前には、すでに次の自動車の型があるという具合だ。こうして大量生産が可能となり、広大な領土を移動するために、馬車に替わる移動手段を求めていたアメリカ人は一気に自動車の虜になったのだ。

※ベルトコンベア方式
労働者はたった1工程を覚えるだけで製造に携われるため、職工に技術力や専門知識を求める必要はなくなった。経営者側からすると、高額な賃金で職人を集める必要がなくなり、より安価な労働力を使いつつ大量に生産ができるようになった。職工たちは危機感から団結してフォードの方式に異を唱えたほど。

●「キャタピラー」も軍事目的に開発されてきた技術

ここまで戦争に端を発した自動車の歴史を見てきたが、同じく陸上を走る移動手段としては「キャタピラー」も外せない。ブルドーザーなどの重機に使われているキャタピラーだが、これはアメリカに本社がある世界屈指の製造機メーカー・キャタピラー社※の登録商標である。「ホッチキス」、「マジック」などと同じで、固有名詞が一般名詞のように浸透しているもののひとつだ。

日本語で正確に表記すると「無限軌道」となる。同じ形状をした板型のパーツで輪が作られ、これを車輪などの外側に装着・回転させて移動する。タイヤなどと違って接地面積が大きくなる一方で、その単位面積あたりにかかる車重も小さくできるので、車輪がはまり込みやすい雪上やぬかるみでも通り抜けやすくなるのだ。

キャタピラー社の創業者、ベンジャミン・ホルトは無限軌道を使った装軌車両の特許を取得すると、イギリス軍に売り込んだが、正式採用には至らなかった。しかし、あるイギリス軍兵士がつぶやいた一言、「芋虫《キャタピラー》のようだな」が転機となる。

当時の社名をホルト社としていたホルトは即座に「キャタピラー」の特許を取得したうえで、社名をキャタピラーに変更。やがて、キャタピラー社製の装軌車両は陸戦用車両に革命を起こし、使われるうちに改良が進んだ。イギリスが開発した世界初の戦車である「マークI」もホルトの無限軌道に着想を得たものである。

※キャタピラー社
アメリカのイリノイ州ピオリアに本拠地を置く多国籍企業。創業初期から現在に至るまで世界シェア1位の座を明け渡したことがない超優良企業。10万人を超える従業員が在籍しており、過半数が米国外で勤務している。

INVENTION 3

飛行機

【塹壕戦に対抗する存在だった】

Airplane

●ついに実現した「空からの偵察」

飛行機を発明したことで有名なのが、かのライト兄弟。彼らの生涯は第四章で詳しく紹介するとして、初飛行は20世紀に入って間もない１９０３年のことだ。飛行機はすぐにとてつもないスピードで進化を遂げていったが、その直接のきっかけとなったのが１９１４年からはじまった「第一次世界大戦※」だった。

開戦当時にはすでに、ライト兄弟を生んだアメリカのみならず、イギリスやフランス、ドイツなども着々と新技術の開発にまい進していた。飛行性能や設計思想については、もはやライト兄弟のそれが時代遅れになっていたほどだ。

手始めに実用化の目処がついたのは、偵察任務だった。「空からの偵察」という発想そのものは古くからあったが、気球などと違って気流に左右されず、方向舵によって自由に

※第一次世界大戦
１９１４年から18年にかけて行われた、人類史上初めてとなる世界大戦。当事国以外も参戦理由を見つけて介入し、世界中が戦場となり、おびただしい数の兵士が犠牲となった。

空を飛び回れるし、何より飛行速度が気球などの比ではない。
陸上から敵陣を偵察するとなると、鉄条網や地雷に狙撃兵など、障害がつきまとうが、対空防衛兵器が貧弱だった当時は、簡単に侵入することが可能であった。

●塹壕戦がさらなる進化を促した

「第一次世界大戦」初期に偵察機として使用された「MF.7」

何より飛行機が注目を集めたのは、「第一次世界大戦」が塹壕戦の応酬だったことに起因している。銃火器が発達した近代戦においては、兵士が身を隠す場所が不可欠だ。それが「塹壕※」であり、この頃には鉄条網や機関銃の登場で防御力が飛躍的に向上していた。
塹壕は、地上からではどこにどのように張り巡らされているかわからないが、空からであれば、どのように通路が伸びて連絡し合っているか、また砲台がどこに設置されているかなどが一目瞭然だった。
さらに発達していた写真技術と組み合わせて航空写真を手に入れれば、それをもとに敵陣の地図を作ることすら可能となる。

※塹壕
戦場で歩兵が銃弾から身を隠すために使う穴・溝。もともとは対騎兵用に発明されたと思われるが、近代戦となって銃弾の命中率が飛躍的に上がると、陸戦には必要不可欠な戦術として広く用いられるようになった。

特に偵察機が重宝されたのは、塹壕だらけの西部戦線だ。

当初、連合軍側は航空機による偵察に信頼をおいていなかった。しかし、「マルヌの戦い」でフランス軍パイロットがもたらした情報をもとにドイツ軍のフランス進撃を察知。それを阻止することに成功すると、がぜん航空機の重要性が浸透していった。

●花形・戦闘機の登場

航空機による敵陣への侵入が有効だとわかれば、偵察ついでに爆弾を落としていこう、という発想が生まれる。こうして誕生したのが爆撃機である。当初はパイロットが自ら爆弾を投げ落とすという原始的なものだったが、すぐに大型爆撃機が開発されるようになる。

偵察機や爆撃機の攻撃を座して待つわけにはいかない。

空中でこれらを迎撃するため、空中戦の花形・戦闘機が登場することになる。

「第一次世界大戦」初期の数カ月は、パイロット同士が拳銃で撃ち合うなど手探りにも程がある空中戦が続いたが、やがて連合国側のイギリスのヴィッカース社、フランスのモラーヌ・ソルニエ社が機関銃を備えた戦闘機を送り出した。

一時的に制空権を脅かされたドイツ軍だったが、１９１５年、機首部分の機銃から発射された弾丸がプロペラに当たらない「プロペラ同調装置」を備えた、最初の戦闘機がデビューする。「フォッカー アインデッカー※」がそれで、最も命中率が高められる方法で攻撃が可

※フォッカー アインデッカー
「第一次世界大戦」時、ドイツのオランダ人技術者アントニー・フォッカーが開発した単葉戦闘機。「プロペラ同調装置」を備え、対空戦闘を目的として開発された最初の機体で、当初は戦場で猛威をふるった。

能な同機は、連合国側の軽武装偵察機を面白いように撃墜し、イギリスのメディアは「フォッカーの懲罰」と騒ぎ立てた。

すぐさま連合国側もフォッカーに対抗して、前方に機銃を発射する戦闘機を前線に投入する。もっとも、こちら側は、プロペラ同調装置を積んでいないから、機銃を前方に設置するため、苦肉の策としてプロペラを胴体最後尾に備える「推進式」を採用した。操縦席は前方にせり出し、胴体は上下2枚の翼の後ろで終わるという、何とも奇妙な形をしている。

イギリスがドイツに対抗して開発した複葉戦闘機「RAF F.E.2」

こうして両陣営が戦闘機を投入したことでパイロット同士のドッグファイトが展開され、突出した技能を持つ者は「撃墜王」として賞賛された。

「第一次世界大戦」期としては、乗機を鮮紅色に塗装し〝赤い悪魔〟と恐れられたドイツ軍のマンフレート・フォン・リヒトホーフェン※が有名だ。戦死するまでに、実に80機という驚異的なスコアを残している。

●戦争の主役に躍り出た飛行機

飛行機の性能は「第一次世界大戦」を通じて大きく発

※マンフレート・フォン・リヒトホーフェン（1892〜1918）ドイツの陸軍軍人。通称〝紅い悪魔〟または〝レッドバロン〟。「第一次世界大戦」において大活躍した世界最初のエースパイロットのひとり。乗機を赤く塗装したのは敵の注意を逸らし、士気を鼓舞するため。その騎士道精神にあふれる性格から、味方のみならず敵からも賞賛された。

展し、信頼性も向上したことで、戦後は本格的に輸送目的で使われるようになった。

最初は上流階級による旅行や運送に使われたが、機体の大型化が実現すると、徐々に庶民階級も利用できるものとして普及していった。大洋を跨ぐ路線や、長距離を飛ぶ大型機には、離着陸や万が一のときの不時着に広大な海面が利用できる飛行艇が採用された。

兵器としても、「第二次世界大戦」にかけて開発・改良が一気に進んだ。新素材も登場して、布や木が使われていた機体も全体を金属で製造するようになり、射撃がプロペラに邪魔されないようにと、プロペラ軸に機銃を埋め込んだ武装も発明された。牧歌的な2枚の翼の「複葉機」は時代遅れとなり、「単葉機」がメインとなっていく。

爆撃機が搭載できる爆弾の量も増え、飛行技術の向上によって「急降下爆撃※」という新戦術も編み出された。

また、魚雷を投下して艦艇を攻撃する雷撃機も開発され、航空機を運ぶための空母の登場によって、艦載機も生まれた。ついには「第二次世界大戦」中に、それまで戦争の勝敗を左右すると思われていた戦艦を抑え、主役の座を奪うまでになったのである。

※急降下爆撃
水平に飛行しながら目標に向けて爆弾を投下するのではなく、高高度から敵に対してほぼ垂直に降下しながら爆撃を行う戦法。一見、危険に見えるが低空飛行だと敵の対空砲火に晒されるし、着弾地点の誤差も大きく命中率も下がる。

INVENTION 4

【世界で初めて開発された抗生物質】

ペニシリン

Penicillin

●無視され続けていたペニシリン

病気になって医者にかかったとき、二次感染を予防するために処方される抗生物質。現代医学には欠かせない一分野だといえるが、それが確立されたことと「第二次世界大戦」は、実は密接なつながりがある。

抗生物質の働きは、平たくいえば「微生物の力を用いて、別の微生物を殺してしまうこと」にある。1877年、フランスの細菌学者、ルイ・パスツール※がこの働きを発見した。彼は炭疽菌が入った尿に、簡単に採取できる細菌を加えるだけで、炭疽菌の成長が抑えられることを突き止めたのだ。

しかし、それから1928年までの半世紀、研究が発展することはなかった。道を開いたのは、スコットランド人医師アレクサンダー・フレミングだった。

ルイ・パスツール
（1822〜1895）
フランスの化学者・細菌学者。酒石酸塩の結晶の旋光性や、乳酸およびアルコール発酵を証明した。また、生物の自然発生説を否定した。感染症を研究し、ワクチンによる狂犬病などの予防にも成功している。

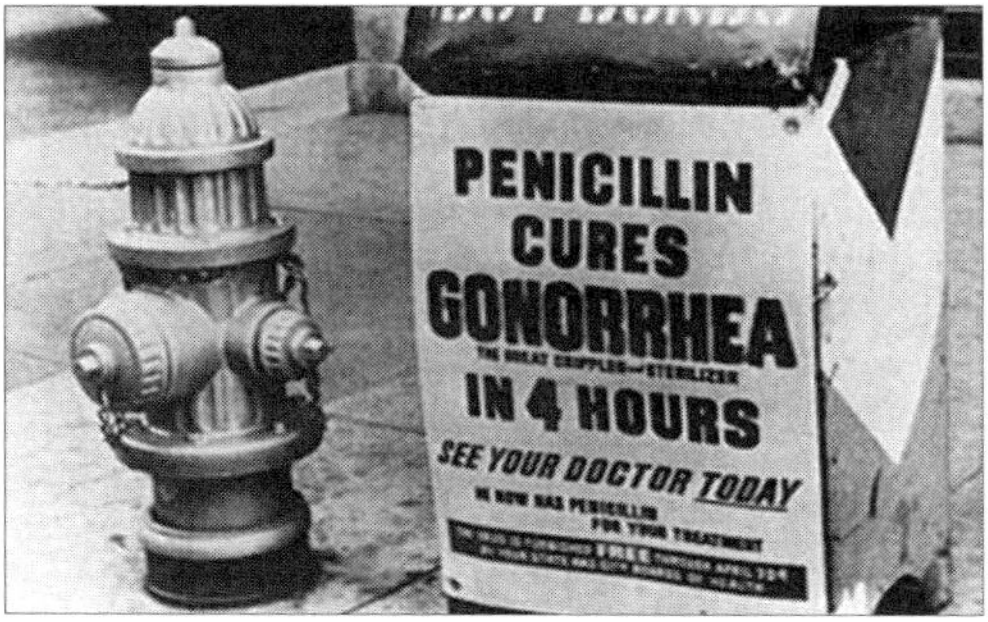

「第二次世界大戦」中に出されたペニシリンの広告

黄色ブドウ球菌に関する実験の途中で、偶然吸着してしまった青カビが細菌の生育を阻止している様子を発見したのである。これにヒントを得て、彼は青カビを培養し、培養液を濾過したものに抗菌物質が含まれていることを突き止めたのである。フレミングは青カビの属名にちなんで、「ペニシリン」と名付けた。

その後、化学療法剤「サルファ剤」※が、細菌感染症治療の主役の座に君臨したこともあって、抗生物質の研究開発はまたしても停滞するが、サルファ剤に刺激を受けたのか、１９３９年頃からはペニシリンの臨床試験も本格化する。

しかし、当初の結果は惨憺たるもので、精製されていないペニシリンを用いた治験であるうえに、投薬試験の途中で在庫が底を突くなどの不手際があって、治験者は２人続けて落命してしまった。

３人目の治験者は15歳の少年。このときは準備したペニシリンの量も十分で、ようやく期待通りの治療効果を認めることができた。しかもサルファ剤と違って副作用もなく、５０００倍に希釈しても効果が見られるなど、実用化に向けて大きく前進した。

※サルファ剤
スルホンアミド剤、スルファミン剤ともいう。細菌に対する化学療法剤で、抗生物質が開発されるまでは抗菌薬の中心的存在であった。

そのまま量産体制に入れれば良かったのだが、ペニシリンの化学構造は未知のままで、根気強く培養したカビから抽出するしかなかった。

ここからの発展に戦争が大きく関わることになる。

●総力戦による戦傷死者の増加

1914年から始まった「第一次世界大戦」は、塹壕や機関銃の登場、作戦の高度化によって、各国の資源・兵器・人員の被害が飛躍的に増加し、「総力戦」という概念を生み出した。

「第二次世界大戦」では、より効率的に兵士が殺傷されたことから、時代を下るにつれて各国の戦死者に占める戦傷死者の比率※が上がっていく。そのほとんどは失血か感染症による死亡だったと推測される。

また戦線の拡大とともに、自然環境という難敵も現れた。特に問題になったのは、傷口から入り込んだ細菌による感染症であり、重傷を負っていなくても数日のうちに症状が悪化して死に至る場合も多く、将兵たちの士気に甚大な影響を与えた。

このように、感染症による兵力の損耗を抑えることは、軍のみならず国家として解決しなければならない重要な課題であった。

その〝救世主〟になり得る存在として注目されたのがペニシリンであった。アメリカは微生物学者や細菌学者を大勢集めて、効率よくカビからペニシリンを生成するための方法

※戦傷死者の比率
日本の場合、日露戦争当時は6％台だった戦傷死者の割合が「第二次世界大戦」当時には、10％以上に達していたとされる。

「第一次世界大戦」から導入され、大勢の戦死者を生んだ塹壕

を考えさせた。微生物培養に関して高度な技術を持っていたイリノイ州の農務省の研究室は、大量生産のためのメソッドを集中的に研究した。

さらにアメリカは1941年、全国の製薬企業全社に通達を出し、1943年7月までに8億ユニットの抗生物質を生産すると決めた。超大国・アメリカの本領が発揮され、計画を始動させて1年後には月産1300億ユニットを生産できるまでになった。

同時に、アメリカとイギリスは共同でペニシリンの化学構造解析にも力を入れる※。

化学構造が分かれば、カビに頼らずとも合成によって短時間で大量生産が可能だからだ。動員された研究者は1000人を超えていたともいわれる。

しかし構造は単純ながら、自然界には珍しい分子を抱えており、このために合成が難しくなっているばかりか、サルファ剤と違って低温保存を必要としていた。

結局、成功したのは1946年で、合成によっての精製の成功となると1957年まで待たなければならなかったが、戦争がペニシリンの実用化に貢献したことは間違いない。

※力を入れる
当時のイギリス首相で、国際的に強い影響力を持っていたウィンストン・チャーチルが抗生物質によって肺炎を治したというニュースも開発・量産を後押ししたのかもしれない。

●開発はできても生産はできなかった日本

ペニシリンの大量生産への道を、国家を挙げて探していた連合国に対し、日本はなにか動きを見せていたのだろうか？

日本は「日清・日露」の両大戦でコレラや赤痢などの伝染病に悩まされていたことから、微生物による感染症へ関心を持つのは早かった。チフス菌に対する抑制効果を持つクレオソート剤「征露丸」を兵士に大量配布していたほどだ。

時は移り、昭和になると、いわゆる「731部隊」によって細菌兵器の研究を進めるなど、微生物の分野に着目していた陸軍は、海軍にも呼び掛けて、陸軍軍医学校を筆頭に、医学・薬学のみならず農業や理学といった関連分野から科学者を総動員した、「ペニシリン委員会」を設立し、抗生物質の研究に着手する。

これが1942年のことだから、連合国と比べて遅きに失したわけではない。しかも半年ほどで開発に成功しているから、研究技術面においても肩を並べていたようだ。

しかし、アメリカのように国中の企業を総動員して抗生物質を精製するまでには至らなかった。青カビを原料とする「碧素《へきそ》」としてペニシリンの量産※が開始されたのは1945年になってからだ。

当然ながら終戦までに大量生産は叶わず、本土で一般人向けにわずかな使用例がある（しかも軍部などの縁故者だったという）だけで、戦場に運ばれることはなかった。

※ペニシリンの量産
戦時中の日本では、精製したペニシリンの保存場所として、養蚕農家が卵を保管するのに使用していた大型冷蔵庫を接収したという話も伝わっている。

INVENTION 5

【Uボートに対抗するために開発された】

魚群探知機

Fishfinder

●現代の漁には欠かせない魚群探知機

漁師が魚を捕まえるために欠かせないのが、魚群探知機だ。よくテレビ番組などで、モニターに魚群の影が映し出される様子が流されるが、いったいどういった原理で魚を捉えているのだろうか？

魚群探知機はソナーという、水中を伝わる音波を用いて、水中の物体を捜索する装置の一種である。このソナーも戦争に必要とされて世に登場した発明なのだ。

水中の物体と戦争といえば、そう、潜水艦である。潜水艦は「第一次世界大戦」で初めて本格的に運用され、海戦で華々しく活躍した。水中から音もなく近づき、魚雷を発射して敵艦を葬る。ステルス性能の高い兵器として、今もなお世界中で運用されている。

その原型が開発されたのは1776年のアメリカだ。デヴィッド・ブッシュネル※という

※デヴィッド・ブッシュネル（1742〜1824）アメリカの発明家。1775年、イェール大学在学中に、戦闘に使われたものとしては世界初の潜水艦を作った。見た目が亀のようだったため「タートル号」と名付けた。また、火薬が水中でも爆発することを証明したり、世界初の時限爆弾の製造にも成功した。

人物が、円柱形で下部の先端が尖った、どんぐりのような潜水艇「タートル号」を発明した。艦内で自転車のようにペダルを漕ぐことで、船体後部に突き出したプロペラを回転させて前進する。潜水するには艦艇上部に取り付けたプロペラを回した。

こうして水中から敵艦に接近し、水面から顔を出し、ドリルで水雷をとりつけるという命知らずな兵器であった。実際に「南北戦争※」に従軍し、世界で初めて実戦に参加した潜水艦として名を残したが、戦果は残せなかった。

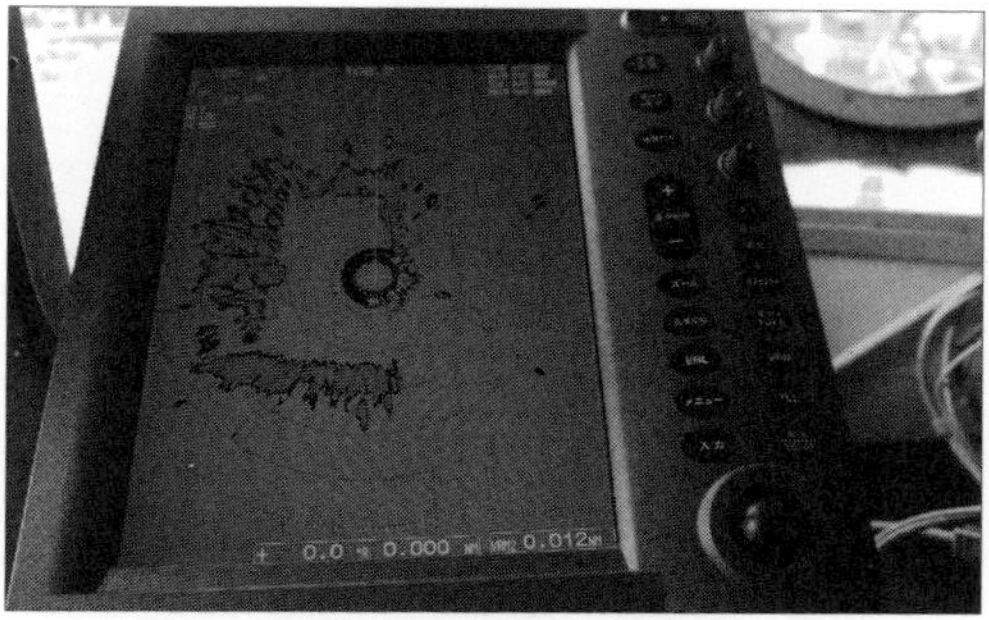

魚を捉える魚群探知機。漁には欠かせない機器となっている

やがて1898年には同じアメリカのジョン・フィリップ・ホランドが潜水艦の直接のルーツといえるガソリン機関で動く「ホランド型」を設計・建造する。

2年後にはアメリカ軍が制式採用しているほか、イギリスや日本、ロシアといった国々も輸入していた。潜水艦というとドイツのイメージが強いが、当初、この分野をリードしていたのはアメリカだったのだ。

●「Uボート」を止めろ！

潜水艦が本格的な活躍を見せたのが、「第一次世界大戦」である。同盟国側のドイツは、何とかして連合国側

※南北戦争
1861年から65年まで行われた、アメリカ史上最大の戦争。奴隷制度などさまざまな意見の相違から、南軍と北軍に分かれて戦い、最終的には国力で勝る北軍が勝利した。

Uボート（左）に撃沈される輸送船を描いた絵画

で世界一の海軍力を誇るイギリスの制海権を、脅かせないかと考えていた。

１９１４年、ドイツの潜水艦「Uボート」※が、イギリスの巡洋艦３隻を立て続けに撃沈する大戦果をあげる。

これに着目したドイツ海軍は、イギリス周辺の海域を交戦範囲に指定したうえで、イギリスに向かう商船に無差別に魚雷を浴びせる「無制限潜水艦作戦」を展開し、イギリス経済は瀕死に追い込まれる。

もっとも、当初は中立国だったアメリカの民間人をはじめとする非戦闘員が次々に犠牲になったことで、ドイツは多大な戦果と引き換えに、国際社会において厳しい立場に追い込まれてしまったのだった。

●軍用に民間用に大活躍

連合国側はドイツの潜水艦対策として、商船を守る「護送船団」※を組むなど対策にやっきになったが、同時に急ピッチで開発を求められたのが、水中の潜水艦の位置をつかむソナーであった。

※Uボート
「第一次世界大戦」から「第二次世界大戦」までのドイツ海軍の潜水艦の総称。両大戦でそれぞれ商船約５３００隻、３０００隻を撃沈し敵国に恐れられた。

※護送船団
輸送船や商船を軍艦や航空機が護衛することで構成される集団のこと。通商破壊への対抗手段として「第一次世界大戦」、「第二次世界大戦」で活発に研究された。

ソナーの原理は、空中に電波を発射し、その反射波のデータから対象の情報を調べるレーダーと同じだが、ひとつ違うのは電波ではなく、音波を用いる点だ。音波は空中よりも水中で進みやすい性質を持つ。海上では聞き取れなくても、水中であればはるか彼方から聞こえてくる音を拾えると考えられたのだ。

こうして開発された「アクティブ・ソナー」は商船を護衛する英米の駆逐艦やフリゲート艦に搭載されて「Uボート」に対抗した。首振り機構を備えており、距離だけではなく方位や深度まで探知できたものの、技術的課題も多く、実用性には疑問符がついた。

アクティブ・ソナーは、自艦から音波を出して敵艦の捜索を行うため、敵艦に察知される恐れがあった。そこで隠密性を高めた「パッシブ・ソナー」も開発された。

こちらはいわば「水中聴音機」というべきもので、マイクのような集音装置を水中に入れて、敵艦のスクリュー音をキャッチする。音が聞こえてくる方角や音量から、敵艦の位置を割り出そうというものだったが、こちらも性能には問題があり※、結局「第一次世界大戦」においてUボートを葬ったのは、ほとんどが海上に敷設された機雷であった。

時を経て「第二次世界大戦」の頃には、性能も向上しフル稼働したソナーだったが、やがて民間でも活躍するようになる。その最たる例が魚群探知機だといえる。現在は、海底に音波を反射させることで、水深も測ることができるし、GPS（全地球測位システム）と連動させ、海域を確認しながら漁をすることも可能となっている。

※性能には問題があり受信した音波の処理能力に問題があっただけではなく、自艦のスクリュー音を拾ってしまうなど、ノイズに泣かされっぱなしだった。

INVENTION 6

【メガネからブラジャーまで自由自在】

形状記憶合金

Shape memory alloy

衣類などに使われ始めた当初こそ〝夢の新素材〟として騒がれたものの、今やすっかり身近なものに浸透し、おなじみの存在となっている「形状記憶合金」。ワイシャツやブラジャーといった衣類に限らず、エアコンやコーヒーメーカーといった家電から、人工歯根（インプラント）、歯列矯正ワイヤーなどの医療器具、フォグランプなどの自動車部品にメガネのフレームなど、応用されている分野はとても幅広い。

●優れた特徴をいくつも併せ持つ

形状記憶合金をいち早く取り入れた下着メーカーのワコールは、洗濯しても元の形に戻り、さらにワイヤーによる〝締めつけ感〟を緩和したブラジャーを１９８６年に発売し、約１００万枚というヒット※を飛ばしている。

この素材の特性は、簡単にいえば、常温環境下で引っ張ったり伸ばしたりして変形させ

※ヒット
「こんな感じ」というキャッチコピーとともに、つけごこちの柔らかさを「手のひら感覚」で表現したコマーシャルで有名になった。

ても一定の温度下では元の形に戻るというものだ。また薬品などに強くて腐食の心配が少なく、経年劣化もしにくい。針金をクネクネと折ったり伸ばしたりしていると、じきに折れてしまうが、形状記憶合金はそういった不安が少ないのだ。

そして特筆すべきは、人体への適合性に優れ、悪影響を与える心配が少ないこと。だから人工歯根などの、生体に埋め込むような医療器具※にも用いることが可能なのだ。

繊細ながら負担が大きいメガネのような商品とは相性が良い

形状記憶合金のなかでも、特に優れた弾性を有するものは、「超弾性合金」といわれ、形状のゆがみをできるだけ少なくしたい部分に用いられる。これは寒さに強く環境に左右されずに復元力を発揮するという特徴もある。

将来的には、ロボットの筋肉として形状記憶合金を使おうという研究も進んでいるという。これからますます人類の発展に貢献すると思われるこの技術も、実は戦争と密接な関わりがある。

●新素材は偶然から生まれた

もちろん、形状記憶合金は、処理する前から記憶能力を持っているわけではない。適切な混合比で作られた合

※医療器具
例えば、内視鏡のように、細ければ細いほど患者の負担が軽くなる器具の場合、先端部に形状記憶合金を組み込み電線を繋いでおくことで、細さと可動性を両立させることができる。

油圧管に形状記憶合金が採用された「F-14」

金が金型などに入れられて、4500度という高温で熱せられる。すると「混合比に応じた温度に反応し、復元する」という能力を獲得するのだ。

温度差が記憶を呼び覚ますスイッチになっており、「変態点」と呼ばれる温度以上に熱せられると、元の形に戻ろうという力が働くのだ。

この夢のような素材が発見されたのは、偶然のたまものであった。

1951年、アメリカのコロンビア大学※でのこと。世界各地から秀才が集うこのキャンパスで、合金について研究しているグループが偶然にも、金とカドミウムを混ぜた合金に記憶能力を発見した。

しかし、もともと高価な金が原料だったことも手伝ってか、この発見は当時、さほど注目されるものではなかった。1958年にはベルギーのブリュッセルで開催された万国博覧会にも提供されているのだが、大した話題にならなかったほどだ。

●煙草の灰から新発見！

※コロンビア大学
アメリカの私立大学でアイビー・リーグのひとつ。全米で5番目に古く、世界屈指の名門大学として、ノーベル賞受賞者を100人以上、大統領・首相を30人以上輩出している。

ところが1963年、潜水艦の部品に利用できる合金を研究していたアメリカ海軍の兵器研究所で、2度目の偶然が起きる。ニッケルとチタンの合金に、火がついたタバコの灰を落としてしまった不届き者がいたのだ。

何も起こらなければ上司からキツイお灸を据えられたことだろうが、なんと期せずして、熱せられたニッケルとチタンの合金が記憶能力を見せたのだ。金とカドミウム以外の組み合わせでも記憶可能とわかれば、その能力を発揮するような別の組み合わせを研究してみよう、となるのが自然だ。

こうして「合金の記憶能力効果」は世界的に研究分野として認知されることになる。ニッケルとチタンによる形状記憶合金は、早くも1970年頃には、アメリカ空軍の戦闘機「F-14」の油圧管に用いられている。最初の実用化は、海から空へと舞台こそ移ったものの、軍事利用だったのだ。ちなみに形状記憶合金には「振動を吸収する」という、都合が良い特性もあり、こういった用途では故障のリスクを減らす効果も期待できる。

やがて研究が進み、組み合わせがいくつか発見されてきた1980年代に入ると実用化が加速し、これまでに「鉄・マンガン・ケイ素」、「鉄・ニッケル・コバルト・アルミニウム」などといった鉄を主原料としたものや「銅・亜鉛」、上記にケイ素かアルミニウム、あるいは錫《すず》を混合したものなど、10数種類の組み合わせ※が確認されている。

そして現在は、より安価で高性能な組み合わせや混合比の発見に力が注がれているのだ。

※組み合わせ
これらのうち、もっとも一般的な組み合わせは研究の嚆矢となった「ニッケル・チタン」である。

INVENTION 7

【毒ガスから一転、治療薬に】

抗癌剤

Anticancer drug

●日本人の天敵・癌

現在、医療の最前線で人間と癌との戦いに活躍している抗癌剤も、戦争によって発明されたテクノロジーである。癌治療の方法は「手術」「化学療法」「放射線治療」の３つに大別されるが、抗癌剤は化学療法に含まれる。

抗癌剤は治療薬でありながら、どうしても「副作用※」とセットで語られることが多い。それも道理で、癌細胞を根こそぎ死滅させるほどの薬剤だから、すさまじい毒性を持つ。化学療法は、それをうまくコントロールして人体への影響を最小限に抑えつつ、癌に立ち向かうという治療なのだ。

一方で、「抗癌剤に謳われるほどの効果はない」と断じている医師も世界的に多く、１９５０〜60年代の華々しい新薬開発競争時代と比べると癌治療における重要性は年々低

※副作用
抗癌剤の副作用として嘔吐が知られているが、これに関しては２０１０年に日本癌治療学会から「制吐薬適正使用ガイドライン」が発表され、ほぼ制御可能な状態になりつつあるという。

下しており、隔世の感がある。

補足すると、日本人の死亡原因では、癌は長らく首位の座を保っており、2014年は約30%。部位※としては肺癌、胃癌、大腸癌、肝臓癌の順に多い。

高齢化が進んでいることや、診断技術の向上などから、「国立がん研究センター」は、癌患者の増加傾向は今後も続くと予測している。抗癌剤は未だ癌との戦争における人類の大きな〝武器〟であることに変わりはない。

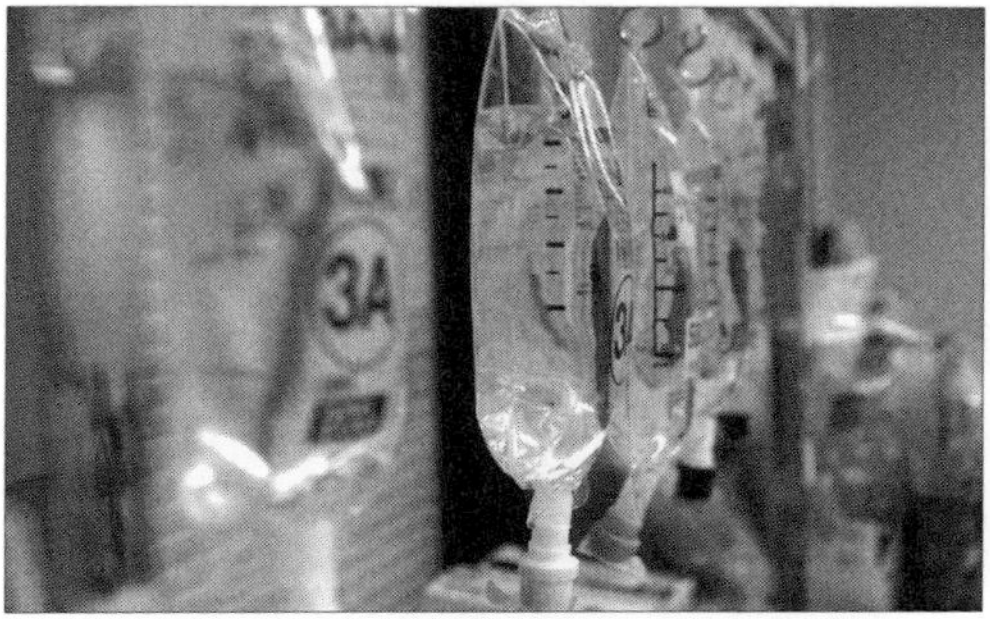

癌細胞を叩く抗癌剤は強い副作用を伴うことが多い

●毒ガスから生まれた抗癌剤の歴史

抗癌剤の元祖と呼べる化合物が発明されたのは、「第二次世界大戦」時のアメリカである。その名称は「ナイトロジェンマスタード」といった。

「マスタード」と聞いて、ピンと来た読者もいることだろう。そう、これはあの悪名高き毒ガス「マスタードガス」から派生したものなのだ。

マスタードガスは「第一次世界大戦」でドイツが戦線の膠着を打破すべく投入した化学兵器である。名前が示す通り、からしのような臭いがあり、これに触れた皮膚

※部位
高齢化の影響から、前立腺癌の患者数が伸びている。癌は世界的に見ても死因の1割以上を占めており、風土病などに伍して人命を失う原因になっている。

はただれ、目に入れば失明するなど重篤な障害を引き起こし、さらに血圧低下や白血球数低下といった症状を見せる。現在では国際条約「ジュネーヴ議定書※」によって使用が禁止された毒ガスの代表格でもある。

「第二次世界大戦」期に、アメリカ軍がマスタードガスに改良を加えて誕生したのが「ナイトロジェンマスタード」だ。

もちろん化学兵器としての利用を念頭に置いていたが、これを大量に積み込んだアメリカ軍の輸送船がイタリアに停泊中、ドイツ軍の爆撃に晒されるという事件が起きる。積み荷とともども沈没していれば、もしかすると抗癌剤のデビューは大幅に遅れていたかもしれない。沈没は免れたものの、積んでいたナイトロジェンマスタードが漏出するという事態を招く。港の近くにいた連合軍兵士たちは、この未知のガスに触れてしまった。

結果、６００人強の兵士のうち、80人以上の死者を出す惨事となってしまったのだ。最初の２～３日はガスの直接作用によっての死者が多く、その後は白血球数の低下が引き起こす免疫力の低下が感染症を招いたと考えられている。

●災い転じて福となす？

この現象を見て、「ナイトロジェンマスタード」に化学兵器としてではなく、別の用途があるのではないかと考えた研究者が現れたのだから、何がきっかけになるか分からない。

※ジュネーブ議定書
１９２４年に国際連盟において採択された、国際間の紛争の平和的解決のための保障協定。自衛以外の武力の行使を禁じている。

事故があったのは1943年だが、早くもその3年後には、ナイトロジェンマスタードを治療薬として使用した、白血病※や悪性リンパ腫の治療が始まり、特に悪性リンパ腫に対して効果が認められた。

なぜ毒ガスが治療薬として作用したのだろうか？　悪性リンパ腫や白血病は骨髄で作られる白血球が癌化してしまう病気だから、ナイトロジェンマスタードの「白血球の増殖を抑える」という効果のひとつがプラスに働いたわけだ。

それから3年後、敗戦の混乱が残る日本で、ナイトロジェンマスタードの毒性をより薄める研究が結実する。「ナイトロミン」の誕生だ。これを契機として、日本でも未知の抗癌剤を発見する研究開発競争が本格化していった。

当時、有効とされる治療法としては、手術のほかに放射線治療しかなかった。放射線治療は時間も手間もかかる。それが比較的手軽な投薬で治せるという望みが生まれたのだ。こうして現在までに、抗生物質も含めて様々な種類の抗癌剤が誕生している。

ちなみに毒ガスの〝本家〟といえるドイツでも、「マスタードガス」の改良と医療分野への転用に早くから着手しており、こちらも毒性を低減させた「シクロホスファミド」という抗癌剤を生み出している。

※白血病
別名「血液のがん」。遺伝子変異を起こした造血幹細胞が骨髄で増殖し、正常な造血を阻害する疾患。正常な血液細胞が減るため、感染症や貧血、出血症状がでやすくなる。

INVENTION 8

【情報を瞬時に遠方に伝える】

電信

Telegram

●「光学式テレグラフ」の誕生

「明治維新」によって誕生した近代日本が、いち早く西洋から取り入れた〝文明の利器〟のひとつに、「テレガラフ」と呼んで不思議がった電信がある。ケーブルと電気を使って、情報を瞬時に遠方に伝える技術である。日本に導入されたのは１８７２年のことだが、原型となる「光学式テレグラフ」が誕生したのは、それよりさらに１００年ほど前だ。

　電信が人間社会に登場するまでの情報伝達手段※として、長きにわたって主役の座を保っていたのは馬であった。馬が生息していなかったり、手に入らなかったりすれば、情報の運搬は人間の足に託すしかなかった。

　やがて馬の足よりもスピード性に優れた「音」や「光」が、情報の担い手として活用されるようになるが、限界もあった。例えば、音は届く距離に限界があるし、光は直線上に

※情報伝達手段
16世紀末のフランスの政治家、リシュリュー枢機卿はあまりの情報通ぶりに「魔法の装置を使っているに違いない」と疑われていた。当時から、遠方との素早い情報交換に対する人々の憧れがあったのだろう。

しか伝達できないというデメリットがある。

１７９３年、情報伝達手段に革命を起こしたのが、フランスのクロード・シャップである。彼が発明し、弟たちとともに整備した光学式テレグラフ（腕木通信）は、通信施設から通信施設に情報を伝えるシステムだった。

施設の上には一本の柱があり、その先端に腕木が取り付けられている。この腕木は、建物の中から操作することによって、さまざまな形に変えることができるのだ。通信施設から通信施設へ腕木の形を伝えることによって、遠方への情報伝達※を可能にした。

折しも、フランスでは「フランス革命」によって新政権が樹立されたばかり。まだ政権の基盤が覚束ない新政権は、地方まで影響力を行使できる可能性を秘めたテレグラフに着目し通信網の拡大を急いだ。

※現存しているシャップの腕木通信塔

●ナポレオンがその有用性に着目する

そして、この通信網を急拡大させたのが、「フランス革命」後に実権を握った戦争の天才、ナポレオン・ボナパルトである。

情報の素早い伝達が、戦争にも外交にも有利に働くと知っていたナポレオンは、シャップと組ん

※遠方への情報伝達
シャップは腕木に複雑な動きをさせるために、時計師の協力を得ている。原理は手旗信号と同じながら、伝達速度は当時としては驚異的で、1分間に80キロ以上の速度で信号を送ることができた。

でフランス国内のみならず、ナポレオンが征服した外国にまで「光学式テレグラフ」の施設を急拡大させた。イタリアを支配すると、シャップにアルプス山脈を越えさせたというから驚きだ。工事は難航したものの、パリ―ヴェニス間で短時間で連絡をとることが可能になるなど、光学式テレグラフはナポレオンの覇業とともに成長し、貢献した。

最盛期には国内だけで総延長4000キロ以上の光学式テレグラフが張り巡らされ、皮肉なことに、失脚したナポレオンが追放先のエルバ島から脱出しフランスに上陸すると、その行動が、自ら整備した通信網によって即日パリに通報されている。

●モールスによる「電気式テレグラフ」の発明

通信網の整備において、完全にフランスに先んじられた欧米諸国だったが、「光学式テレグラフ」には欠点※も多かった。情報を腕木で表示するための通信施設を一定間隔で建設しなければならないし、霧などの気象条件によっては使い物にならない。

こうした欠点を一挙に解決したのが、電気信号を用いた「電気式テレグラフ」であった。高速で伝送される電気を通信に活かすという発想は、光学式テレグラフ以前からあったものの、技術的な問題が多く実用化には至っていなかった。

1836年、ついにアメリカで発明家のサミュエル・モールスが電信機を開発する。彼の独力では解決できない課題もあったものの、ニューヨーク大学の教授レナード・ゲール

※欠点
通信している様子が丸見えであるため、解読表が流出すると情報が筒抜けになる危険性もあった。フランス通信社の創業者は、何らかの手段で解読表を入手し、通信の内容をいち早く速報記事にすることで売上を伸ばしたという。

と資産家アルフレッド・ヴェイルの助けで突破口を得た。

ところが同時期、イギリスのウイリアム・クックとチャールズ・ホイートストンも共同でテレグラフの開発に着手しており、一足先に商業化に成功していた。モールスは「電信の唯一の発明者」として後世に名を残すため、「テレグラフは詐欺」という風評にもめげず、アメリカの議会を説得し続けた。

クックの方も渡米して、テレグラフを「見世物」として披露することで研究資金を稼いだ。

それぞれの電信機は方式が異なり、モールスが、「モールス符号※」で有名な符号で文字を表したのに対し、クックの「ホイートストン電信機」は5本の針の組み合わせによって文字を表示することができたので、後者の方が初心者向けといえた。

※クックとホイートストンの5針電信機

その他、さまざまな方式が開発され、1851年のロンドン万博では13種類もの電信機が展示されたものの、電信士の訓練によって高速の通信が可能となるモールス方式が最終的な勝利を収めることになった。

●「電信網」の中心地ロンドンが世界の中心

こうして広まった電信網だったが、これを世界

※モールス符号
「モールス信号」とも。長点と短点のみの組み合わせで構成される単純な符号であることから、無線通信のみならず、音響や発光信号でも使用が可能。日本語では短点を「トン」、長点を「ツー」と表現する。

中に張り巡らすことに執念を燃やしたのが、アメリカと当時の列強国イギリスである。

アメリカはヨーロッパと海を隔てているという立地ゆえに、イギリスは全世界に広がる植民地を効率よく支配するために、高速の情報通信システムが必要だったのだ。

例えば、ロンドンとインドのムンバイの間でメッセージを往復させるためには、最低でも10週間を要していた。しかし、海底にケーブルを敷設して電信網を整備してしまえば、これがなんと4分に短縮されるのだ。

また、伸ばしに伸ばしたケーブルの中央通信基地局としてロンドンが存在すれば、世界各地の電信網は、ロンドンを経由することで効率を上げようとする。

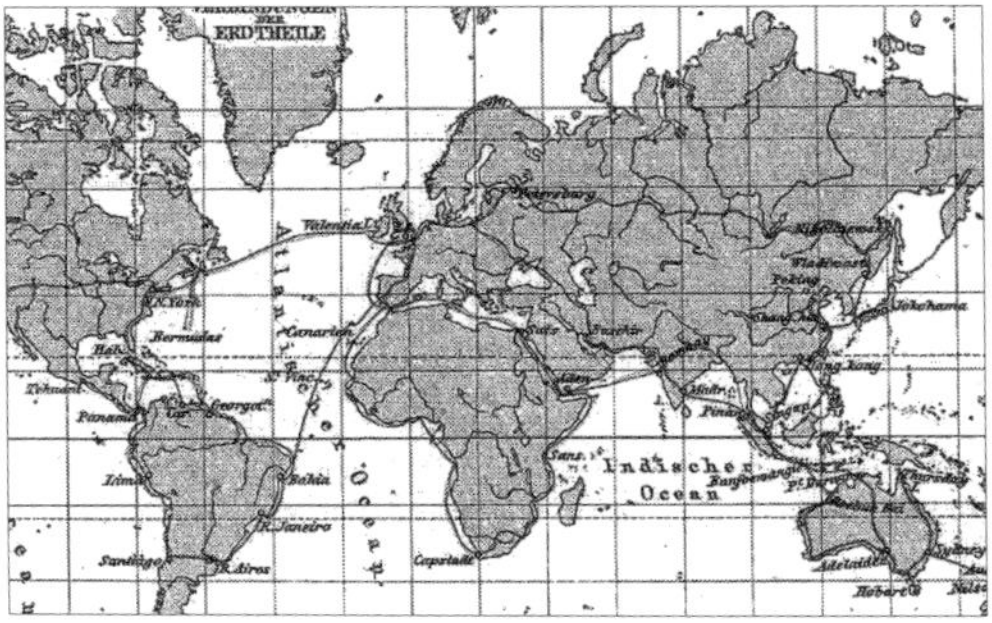

1891年当時の電信網。イギリスを中心に伸びているのがわかる

こうして世界の電信網はロンドンに集中することになり、イギリスは情報戦においても欧米列強の間で一歩リードした。1853年から勃発した「クリミア戦争※」では現地の司令部まで電信が引かれ、勝利に大きく貢献した。

●日本に蔓延した「電信」を巡る迷信

※クリミア戦争
1853年から56年までの間に行われた、ロシアとトルコ・イギリス・フランス・サルデーニャ連合軍の戦争。聖地エルサレムの管理権をトルコに要求して南下を図ったロシアに対し、阻止しようとするイギリスなどがクリミア半島に出兵。ロシアの敗北に終わった。

日本に電信がお目見えしたのは、そんな時代であった。

江戸時代の末期、イギリスにとっての日本は、中国での権益を急拡大するロシアへの防波堤となってもらわなければならない存在だったから、幕府との交渉に時間がかかることに不満を覚えていた。なにせ、ロンドン―上海間がものの10分程度でつながるのに、上海―江戸間は2週間もかかるのだ。

イギリスは明治維新を成功させるために、陰に陽に新政府軍を援助し、革命が成功すると「お雇い外国人」を大勢派遣して、日本を急速に近代化させた。日本への電信の導入はイギリスが世界をネットワーク化したのとほぼ同時だった。このテクノロジーを日本に普及させることは、イギリスにとっても最優先事項だったと思われる。

新政府の肝いりでスタートしたから、世界最先端の電信がまたたく間に日本中に張り巡らされた。しかし、原理も仕組みもわからないから、当時の日本人からすれば、外国人が操る魔法か妖術※にしか思えない。

電線を伝って遠くに届くということだけはわかっているから、電線に弁当箱を吊るして、運ばれていく瞬間を今か今かと待つ輩や、電信が電線を通過する瞬間を見たいと、弁当持参でずっと電線を見張るような者も現れる始末。日本人自身が電信の重要性に着目し、独自に海底ケーブルを敷設したことが「日露戦争」勝利の遠因となるのは、これから40年ほど待たなければならなかった。

※魔法か妖術
「電信を可能にしているのは電線に処女の生き血を塗っているから」という噂が立つ始末。女性は大慌てで既婚者を装い、誘拐されないための対抗策を講じたのだった。

INVENTION 9

【ナチス・ドイツ渾身の近代兵器】

ロケットエンジン

Rocket engine

●意外に早かったロケットの発明

宇宙ロケットに使われるロケットエンジンと、旅客機のジェットエンジン。どちらも私たちにとって身近な存在だが、これらも元はといえば兵器だった。

このうち、先に発明されたのはロケットだ。起源は意外に古く、10世紀頃だと推測されている。黒色火薬が発明された中国で、矢をさらに遠くへ飛ばすために火薬の爆発力を推進剤として応用したのだ。

「火箭《かせん》」といって、矢尻の後方に、火薬を詰めた筒が取り付けられ、導火線が伸びている。外見は現在のロケット花火のようだ。この新兵器はイスラム圏を通じてヨーロッパに伝わり、日本には13世紀末の「元寇」※でもたらされたと思われる。

後にアジア各地では、祭礼の際に打ち上げ花火のように使って盛り上げる道具として広

※元寇
別名「モンゴル襲来」。1274年の「文永の役」、1281年の「弘安の役」に分かれる。当時中国大陸を支配していたモンゴル帝国（元王朝）が日本に向けて大軍勢を侵攻させ、日本軍と激闘を繰り広げた。日本は九州御家人を中心とした防衛軍を編成し、総力を結集して撃退に成功した。

く普及していった。埼玉県秩父市の祭礼[※]で打ち上げられる「龍勢」はこの武器の末裔といえる。

しかし、この画期的な矢も、やがて大砲が発明されると戦場での存在意義を失ってしまう。

日本では明治時代に軍がロケット弾の採用を検討したことがあったが、実用面で大砲に大きく後れをとるため見送られている。

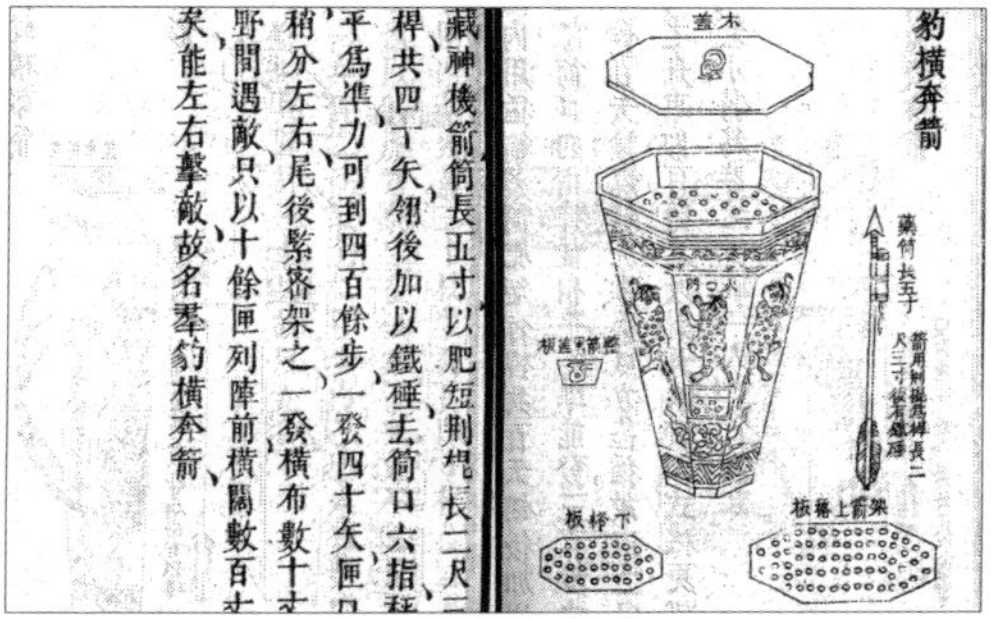

中国の明王朝の時代に描かれた「火箭」。矢尻に筒が確認できる

というのも、当時の技術力では命中精度が著しく低いうえに、黒色火薬の爆発力よりも、大砲で砲弾を飛ばすほうが距離を稼ぐことができたからだ。

その欠点のせいで、「第二次世界大戦」期になっても、ロケット弾は発射弾数を増やして命中率をカバーする「多連装ロケットランチャー」や、比較的近距離での使用が多い対戦車兵器「バズーカ」としての利用が研究されるにとどまっていた。

いずれも連合国側が開発をリードしていたが、枢軸国側のドイツは、運搬体としてのロケットの可能性を探っており、大勢の科学者と莫大な予算をつぎこんで新兵器開発にいそしんだ。

※祭礼
埼玉県秩父市下吉田の例大祭の「龍勢祭」。毎年30数本の龍勢を轟音とともに天高く打ち上げる。打ち上げられたロケットが龍のような勢いであることから名付けられたとも。

※打ち上げられる「V２ロケット」

●戦局を覆せなかった恐怖の新兵器「V２」

その研究の結晶といえるのが、大戦期屈指の近未来型兵器「V２ロケット」だ。

これは液体燃料を用いたロケット爆弾で、弾道ミサイルの原型といわれている。早くも１９２９年ごろには開発がスタートしていたが、本格的な開発は１９３６年になってからだ。アドルフ・ヒトラーが開戦を意識しはじめたタイミングと符合しているが、実戦配備されたのは連合国軍による「ノルマンディー上陸作戦※」後だった。

仕組みとしては、放物線を描いて高度約8万メートルの宇宙まで飛び出し、その後に地上めがけて落下してくるというもの。当時最速の戦闘機ですら、時速６００キロほどだった時代に音速を軽く超える数マッハで飛来するのだから、当時の技術では迎撃不可能な恐怖の新型兵器だった。

ヒトラーは宿敵・イギリスの首都ロンドンめがけてV２ロケット約１４００発の雨を浴びせたが、戦果は限定的で、戦局を覆すことはできなかった。

ジャイロコンパスと加速度計を備えた「慣性誘導システム」を採用していたものの、技術的な問題で狙った場所に着弾させることができなかったのだ。もっとも、これがかえっ

※ノルマンディー上陸作戦
「第二次世界大戦」中の１９４４年に連合軍によって行われた北西ヨーロッパへの侵攻作戦。２００万人近い兵員がドーバー海峡を渡りフランスに上陸した。２０１６年現在に至るまで、紛うことなき〝史上最大の作戦〟である。

て「どこに落ちてくるかわからない」ということで、ロンドン市民の恐怖心を煽ることになった。

●「V2」開発者は宇宙開発競争の主役に

「第二次世界大戦」が終結して冷戦期に入ると、米ソはこの新兵器※を開発したドイツ人技術者を必死にかき集めた。代表格は、「V2ロケット」開発に携わっていた天才科学者フォン・ブラウンだ。

ロケット開発で有名なフォン・ブラウン

「ロシアは怖いし、フランスには恨まれているし、イギリスには資金がない」という〝消去法〟でアメリカに亡命したブラウンは、連れ出された同郷の技術者たちとともに、新たなロケット開発に携わることになった。

ところが1957年、ソ連が世界初の人工衛星「スプートニク1号」の打ち上げに成功する。アメリカの目標は「ソ連よりも先に人類の月面到達を果たす」ことになった。

主任ロケット技術者となったブラウンは、強力な推進力が得られる三段式ロケットの開発に着手。32機の発射試験をすべて成功させ、「アポロ

※新兵器
余談だが北朝鮮が配備しているとされる「スカッドミサイル」など、もともと旧ソ連で開発されていたロケット兵器は、「V2ロケット」のアップグレード、もしくはマイナーチェンジ版といえるほど基本的な構造が似ている。

ドイツ軍の爆撃機に吊り下げられた「Ｖ１飛行爆弾」

計画」への道筋をつけた※のだった。

燃料も次々と改良が加えられて固形燃料なども利用可能になり、ロケットの用途は拡大していった。

●「Ｖ２」に先駆けて登場したジェット兵器「Ｖ１」

「Ｖ２」があるということは、当然「Ｖ１」も存在した。「Ｖ１飛行爆弾」といって、こちらはジェット推進エンジンを用いた、流線型の新兵器である。飛行機のように翼を持ったミサイルで、Ｖ２が弾道ミサイルの元祖なら、こちらは巡航ミサイルの元祖とされている。

なお、「Ｖ」シリーズのVは、ドイツ語で「復讐」を意味する単語「Vergeltungswaffe《フェアゲルトゥングスヴァッフェ》」の頭文字。決して勝利を願う「Victory」の略ではない（第一、これでは敵性語になってしまう）。

１９４４年、連合国軍による「ノルマンディー上陸作戦」からほどなくして量産体制が敷かれ、８０００発以上が生産されたが、Ｖ２に比べると、時速約６００キロで、高度は３０００メートルほどだった。

Ｖ２と同じく、爆撃機による空襲ができなくなったロンドン市街を破壊する奥の手とし

※道筋をつけた
アメリカに亡命した天才科学者ということで、終戦から10年後にはお茶の間で大人気の科学者となり、テレビ番組にも引っ張りだこだった。日本のロボットアニメの金字塔『機動戦士ガンダム』では、月面都市の名前として「フォン・ブラン市」が登場する。

て期待されたが、誘導システムも未熟だったため、次々に撃ち落とされたという。

とはいえ、占領していたフランス各地に設置した液体火薬式のカタパルトからだけではなく、爆撃機に搭載しての空中発射も試みられていて、発想自体は先進的だった。

戦後のアメリカが研究を引き継ぐ形となり、誘導システムが飛躍的に改良されると、ピンポイント爆撃を可能とするほどに発達した。よく耳にする兵器としては短距離空対空ミサイル「サイドワインダー」や巡航ミサイル「トマホーク※」がそれにあたる。

もっとも、現代においても巡航ミサイルの弱点はＶ１と変わらない。低空飛行が可能なのでレーダー網に引っ掛かりにくいというメリットはあるものの、スピードは亜音速にしかならないので迎撃しやすいのだ。

ちなみに、ロケット推進とジェット推進の大きな違いは、搭載する推進剤だ。簡単に説明すると、ロケットは燃料以外に燃焼材としての酸化剤なども搭載する必要がある一方、ジェットは燃料しか搭載しない。ロケットは身近なガソリンエンジンと同じく、燃焼材と燃料を混合して爆発させて推進力を得るのだが、ジェットは大気から燃焼材となる酸素を取り込む。

そのため、ジェットエンジンは大気が存在しない宇宙では使えない。だから宇宙空間に飛び出す弾道ミサイルや宇宙ロケットにはロケットが採用され、それより低い大気圏内を飛ぶ巡航ミサイルや旅客機にはジェット推進が採用されているのだ。

※トマホーク
アメリカが「第一次戦略兵器制限条約」が定めた核兵器の追加保有制限から逃れるために開発した巡航ミサイル。海上艦からの発射が可能な仕様になっている。

INVENTION 10

【米ソ冷戦激化のたまもの】

人工衛星

Satellite

●奇想天外な「スターウォーズ計画」

「宇宙開発」というといかにも平和なイメージがある。しかし前項で触れたように「第二次世界大戦」後、アメリカとソ連は旧ナチス・ドイツの科学者たちの手まで借りて、宇宙を舞台に新たな戦い、冷戦を始め、その結果として宇宙開発は急激に進むことになる。

１９８０年代、その冷戦が最終コーナーを回ってラストスパートを始めた頃、アメリカによって「ＳＤＩ（戦略防衛構想）」という戦略が打ち出された。俗に「スターウォーズ計画」と呼ばれたそれは、俳優出身の大統領ロナルド・レーガン[※]が掲げたもので、ソ連を中心とした東側諸国が配備するＩＣＢＭ（大陸間弾道ミサイル）などの脅威に対する迎撃システムである。

簡単に説明すると、弾道ミサイルなどは打ち上げられると、一度宇宙空間に飛び出して、

※ロナルド・レーガン（１９１１～２００４）米国の俳優、政治家。第40代アメリカ大統領。映画俳優から政界に入るという珍しい経歴を持つ。カリフォルニア州知事を経て共和党から大統領に就任。強硬な保守派として「強いアメリカ」を掲げた。日本の中曽根康弘首相とは「ロン」「ヤス」と呼び合うなど強い信頼関係があったという。

放物線を描くように大気圏に突入し、目的地に落下する。だから人工衛星などを駆使して軌道をキャッチし、大気圏内に被害を及ぼす前にレーザー兵器や迎撃ミサイルで撃破してしまおうという計画だ。当時としては、まさに映画のような構想であり、実現は困難だと見られていた。だが、レーガンはいたって真面目だった。

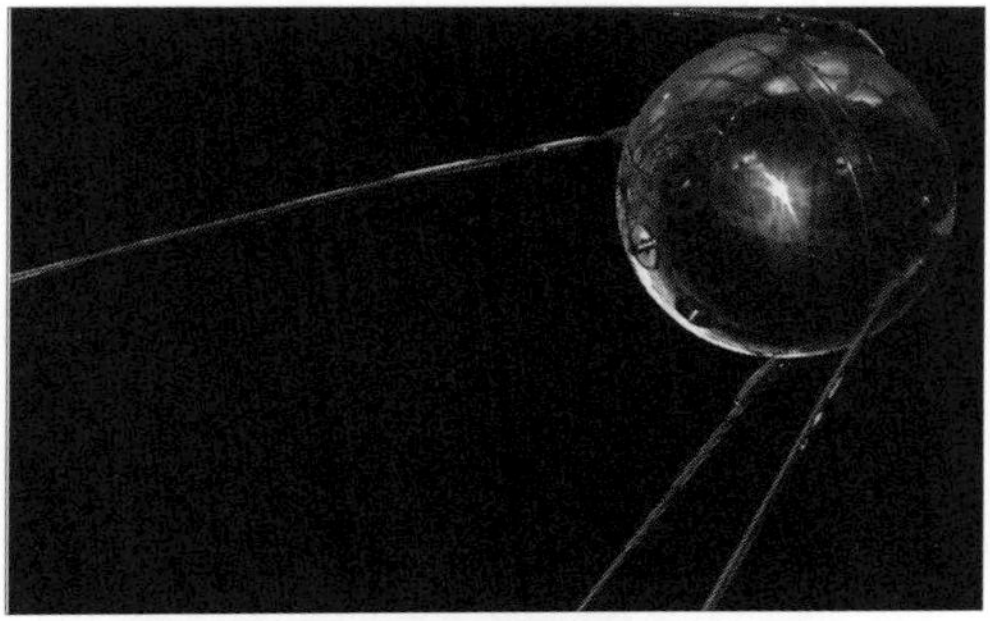

ロシアが打ち上げた世界初の人工衛星「スプートニク１号」

●ロケット兵器あってこその人工衛星

計画成功のために不可欠なのは、人工衛星同士の連携やレーダー・兵器の精度向上、地上との無線連絡の確実性など多岐にわたった。

「ＳＤＩ」に必要となる人工衛星は、冷戦が激しさを増すなかで、米ソが資本主義・社会主義両陣営のトップの威信をかけて開発にいそしんだ結果、急激に進歩した。

世界で初めて人工衛星を打ち上げたソ連に負けじと、アメリカは１９５８年にあの「ＮＡＳＡ」※を立ち上げるが、実はその人材のほとんどを陸軍や空軍の宇宙兵器開発担当者を移管させることでまかなっている。

彼らの成果といえる、ＩＲＢＭ（中距離弾道ミサイル）

※ＮＡＳＡ
「米国航空宇宙局」の略。ワシントン特別区に本部を持つ。１９５８年に設立され、アメリカの「アポロ計画」「スペースシャトル計画」「惑星探査計画」などの宇宙計画を一手に担っている（軍事目的は除く）。

液体燃料多段式ロケット「サターンV」

やICBMはNASAの設立と前後して、実戦配備されている。やや遅れて海軍もSLBM（潜水艦発射弾道ミサイル）開発に着手し、ほどなく配備されている。

人工衛星の開発が成功したのは、こうした兵器の開発に不可欠だった高層大気や電離層の観測の成果が活かされてのことである。

また、有人宇宙飛行計画「アポロ計画」に際しては、史上最大の宇宙ロケット「サターンV」※打ち上げに広大な発射場が必要になった。そこで陸軍にあった弾道ミサイル局がNASAに移り、さらに空軍の協力も仰いで1962年に完成したのが、数々のスペースシャトルを打ち上げたことでもおなじみの「ケネディ宇宙センター」なのである。

●軍事技術の転用で生まれた衛星放送やGPS

衛星が打ち上げられたことで我々はさまざまな恩恵を受けている。そのひとつが「衛星放送」だ。放送用の衛星は「静止衛星」と呼ばれ、地上から見た場合にあたかも停止しているような軌道を維持することが必須だ。これには姿勢制御システムが欠かせないから、

※サターンV
アメリカが開発した月飛行用ロケット。開発の指揮はフォン・ブラウンがとり、最終的な組み立て作業はボーイング社が行った。NASAは6年間で総計13機の「サターンV」を打ち上げたが、大きな事故は一度も起こらなかった。

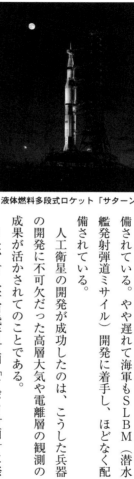

これもまた的確に目標へミサイルを飛ばすために開発された技術の転用といえる。

さらに、方向音痴の人は手放せない「GPS（全地球測位システム）」もそうだ。

これは、信号を発信している物体がどこにあるのかを測定し、位置を割り出して表示するシステムだが、発端はアメリカのスパイ衛星である。周回軌道上に30機ほどの衛星を飛ばし、それらが受信した信号をもとに、発信している物体の位置を測定する。衛星が受信可能な電波の数によって、「緯度＋経度」の2次元データだけではなく、これに「高度」を加えた3次元データも入手可能だ。つまりビルの何階にいるのかも割り出せる。

軍事利用する場合は、いわゆる「ピンポイント爆撃」などの誘導手段となる。

もとはといえばアメリカ軍がスパイ用に確立したシステムだが、アメリカのGPS関連産業の利益となるため、世界中で使うことができている。そして、送受信される情報はアメリカ軍に集約されている。つまり、GPS機能を使っているとき、あなたの位置情報はアメリカ軍に捕捉されているというわけだ。

もちろん、世界各国は、アメリカの監視下にあることを好ましく思っていない。

EUは独自に類似のシステムを確立しようと懸命で、中国などにも参加を呼び掛けている。また、かつてアメリカのライバルだったロシアも、独自の位置情報システム※を以前から運用しているが、グローバルな存在にはなり得ていない。

※独自の位置情報システム　日本でも自民党が「国家基盤としての衛星測位の確立と骨格的空間情報の整備」を掲げており、2010年から実用試験機の打ち上げが始まっている。2019年までに3基が追加で打ち上げられ、4基体制でシステムが運用されることが決定している。

INVENTION 11

【熾烈な情報戦の産物だった】
コンピューター
Computer

●解読には人海戦術しかなかった「エニグマ暗号機」

もはや私たちの生活とは切っても切れない存在となっているコンピューター。実はその発明には、「第二次世界大戦」におけるドイツとイギリスの情報戦が深く関わっている。

戦中、連合国側はドイツの暗号解読※にやっきになっていた。ドイツの暗号を作成していたのが、有名な暗号機「エニグマ」だ。

内部にはローターが何枚も設置されており、それぞれに「連動回転位置」があり、ローターのいずれかが1枚動くと、隣のローターもひと目盛りだけ動く仕組みになっている。

この「連動回転位置」がローターごとに異なることから、複雑な組み合わせが生まれた。使用するローターを入れ替えたり、並び順を変えれば、それこそ無数のパターンを生み出すことができた。

※暗号解読
エニグマが発信した暗号文の中には、未解読のままになっているものが３つあり、２００６年にインターネット上の有志が２つを解読している。

ナチス・ドイツは、「エニグマ」に対して絶対的な自信を持っていたが、連合軍は血のにじむような努力の末に、この解読に成功する。立役者となったイギリス人アラン・チューリングと、解読に至る経緯については、第四章で改めて触れる。

もっともチューリングをもってしても、解読機は開発できず、その代用品として「ボンプ」が開発された。これは人海戦術で対処できる数まで、ローター配列などを絞り込む装置だ。それも人手によって仮説を立て、「ボンプ」による候補選びに矛盾が生じなくなるまで繰り返し設定を選び直すというもの。複数のエニグマ複製機を使っての「ボンプ」による作業と、人海戦術でようやくドイツ軍の通信を解読することができたのだ。

ナチス・ドイツ自慢の「エニグマ暗号機」

●世界初のコンピューター

ついに「エニグマ」を破った連合国だったが、ナチス・ドイツにおけるアドルフ・ヒトラーと将官たちの通信には、エニグマよりもさらに強力な「ローレンツSZ40」が使用されていた。

これの解読には、チューリングのケンブリッジ大学時代の恩師であるマックス・ニューマン※があたっていた。

※マックス・ニューマン（1897〜1984）イギリスの数学者、暗号解読者。正式な名前はマクスウェル・ハーマン・アレグザンダー・ニューマン。「第二次世界大戦」中はドイツの暗号解読に貢献し、戦後はコンピューターの開発に尽力した。

ローレンツＳＺ40はエニグマよりもさらに複雑な暗号体系であり、試さなければならない組み合わせが多過ぎて、人海戦術はまったく通用しなかった。

しかし１９４３年、チューリングが高く評価していた技術者トミー・フラワーズがチームに加わると、事態が動き出す。彼が、世界初のプログラム可能なデジタル電子計算機「コロッサス」を設計するのである。

暗号解読機能にのみ特化しており、汎用性は極めて低いものの、これが「世界初のコンピューター」であるとされている。

戦後、イギリスのウィンストン・チャーチル※は機密を守るため、コロッサスをわざわざ手のひらサイズ以下に破壊するように特別命令を発し、関連文書も焼却されたことで、プロジェクトの存在はしばらく闇に葬られることになった。

しかしチューリングやニューマンをはじめ、コロッサスの先進性を知るかつての関係者たちはその技術を応用して、コンピューター開発に関わっていくことになる。

●重量30トンのモンスターマシン「ＥＮＩＡＣ」

その頃、アメリカ軍では砲撃を正確に着弾させるシステムの開発を行っていた。

つまり正確な弾道をスピーディに計算する機械だ。この開発は、１９４３年にはじまっていて、真空管を用いた「ＥＮＩＡＣ」※がペンシルベニア大学のジョン・モークリーとジョ

※ウィンストン・チャーチル
（１８７４〜１９６５）
イギリスの政治家。「第二次世界大戦」の勃発とともに海軍大臣に就任し、１９４０年から45年まで首相を務め、戦争指導を行なった。人命をほとんど顧みない指導が特徴で、熱烈な植民地主義者だったことで知られる。

※ＥＮＩＡＣ
電子数値計算機（Electronic Numerical Integrator and Computer）の略。

ン・エッカートがリーダーとなって進められていた。「第二次世界大戦」の終戦には間に合わなかったが、１９４６年に完成し、１９５５年まで水爆実験のシミュレーションなどに利用されている。

10進法で計算するＥＮＩＡＣは、1秒間に５０００回の足し算や引き算をする。これは当時の水準と比較すると、１０００倍近いスピードアップを意味していた。掛け算や割り算も可能で、平方根を求めることもできた。

プログラミングされる超巨大コンピューター「ＥＮＩＡＣ」

ところで計算に用いる方法だが、ＥＮＩＡＣ以降は現在と同じ2進法が主流となった。ＥＮＩＡＣ開発者の2人も10進法の限界を感じていたし、現在に通じるプログラム内蔵型計算機の設計を手掛ける技術者や科学者も、当時から存在していた。

後に数学者ジョン・フォン・ノイマンがＥＮＩＡＣのチームに合流し、2進法でプログラム内蔵型の後継機「ＥＤＶＡＣ」※が開発されることになる。

話を元に戻そう。

ＥＮＩＡＣに装備された真空管の本数は1万７４３８本。重量は30トンに及び、消費電力は驚きの１５０キロ

※ＥＤＶＡＣ　電子離散変数自動計算機（Electronic Discrete Variable Automatic Computer）の略。

ワット。放熱量もすごいが、真空管が多過ぎて交換も手間だった。

真空管は電球と似たような構造でフィラメント※を使っていたため、あちこちの真空管でフィラメント切れが起こった。真空管の耐久性を改善する工夫が必要になるなど、稼働後も苦労が絶えなかったようだ。

しかし、1948年に、ウィリアム・ショックレー、ジョン・バーディーン、ウォルター・ブラッテンの3人が真空管に代わる存在として「トランジスタ」を発明する。3人は、電気をよく通す「導体」と電気を全く通さない「絶縁体」があるなら、その中間の性質を持つ「半導体」もあるはずだ、と考えて研究を続けていたのだ。

そしてたどり着いた原料がゲルマニウム。これに不純物を適切に混ぜ合わせると、真空管のように電気の発振に整流、増幅といった作用を及ぼせることを発見したのだ。

真空管より小型で耐久性に優れ、同等の性能を発揮できるとあって、真空管が占めていたポジションをことごとく奪っていった。この発明は当然ながらコンピューター開発にも大きく影響した。

先述したＥＮＩＡＣの後継機・ＥＤＶＡＣも弾道計算に使われることになったが、弾道計算が瞬時にできるのだから、当然ほかの複雑な計算だってこなすことは可能だ。やがて、チューリングが提唱した「万能機械」や、ＥＮＩＡＣシリーズの設計思想などが合流して民生用に移管していく形で、今日のコンピューター理論ができあがったのだ。

※フィラメント
照明器具の部品。金属の細い線でできている。電流を通すと白熱電球では強く光り、真空管では熱電子を放射する。

INVENTION 12

【核攻撃に備えて開発された？】

インターネット

Internet

●21世紀に急成長を遂げる

コンピューターと並んで、現代人の生活には欠かせないテクノロジーの代表格が、インターネットだ。１９９５年に発売され、爆発的に普及したＯＳ「Windows95」※はネットワーク環境が充実しており、インターネットの普及に大きなインパクトをもたらした。

ほとんどの読者はコミュニケーションツールとして、あるいはショッピングツールとしてお世話になっているだろうし、仕事でもインターネットを使わなくて良い業種はほぼないだろう。ここでは、ショッピングツールとしてのインターネットの存在感を、経済産業省が公表しているデータで確かめてみよう。

２０１４年、日本国内の消費者向け電子商取引市場の規模は12・８兆円。前年比の伸び率は実に14・６％だった。調査方式の違いもあるが、参考までに１９９９年の市況規模を

※Windows95　インターフェース面においても大幅な改善が見られ、一般ユーザーにも手が届きやすくなった。発売と日本のインターネット普及とがほぼ同時だったことからも画期的なＯＳだと評価できよう。

見ると、わずかに３３６０億円。単純計算で、15年の間に40倍近く市場規模が急拡大しているのだ。総務省が公表しているデータで利用者数を見ると、２０１３年には1億人を突破し、人口普及率は82・８％に達している。

面白いのは、本章でも取り上げたが、世界を瞬時に結ぶという共通点がある「電信」技術が登場したときと、社会に与えた衝撃や懸念、その解消方法などが、驚くほど似ていることだ。

電信は安全性への不安から暗号や符丁が用いられたが、インターネットでも電子暗号が活用されているし、コミュニケーションが簡略化して独自の略語※が発明された点も同じだ。信頼性さえ確立されると、その速報性から得た情報がお金を生むツールとなったり、会社が離れた土地にある支社や子会社を遠隔コントロールできるようになったという現象も似ている。こうして見ると、人類は新しい技術に最初はアレルギーを示すものの、あっという間に自分たちの〝常識〟を更新して、順応してしまうことがわかる。

●冷戦を優位に進めるためのテクノロジー

さて、実はインターネット技術も、もともとは軍が開発し、民生用に転化されていった技術だ。「ネットワークを結ぶもの」という意味の、「インターネットワーク」がそもそもの語源だ。

※独自の略語
かつての電報には片仮名と一部の記号などしか使うことができず、また電報料は字数によって課金されるため、独特な言い回しが普及した。「アトフミ（詳細は後ほど手紙などで）」、「ヘンシンコウ（返事をください）」、「サクラサク（大学入試に合格しました）」といった具合である。

概念だけは冷戦期のコンピューター開発競争が本格化していた時代に登場している。当時はコンピューター同士を回線で繋ぐという単純なものだったが、やがてコンピューター同士をつないだネットワーク同士をさらに結ぶという方向に発展していく。

１９６０年代は、世界各地の研究者が独自のネットワーク構築を試みていたが、やがてそういったネットワークを結べるように、統合された規格が必要だという考えが起きる。

現代的なインターネットのルーツといえるのが、「ＡＲＰＡＮＥＴ」だ。イギリスの科学者ドナルド・デービスと、リンカーン研究所のローレンス・ロバーツの設計に基いており、もともとは研究機関が運用母体だったが、70年代中盤になると、実用化に向けた研究の引き継ぎが必要となり、アメリカ国防情報システム局が引き受けた。

そして、１９７２年8月には29台、翌年には40台、さらに翌年には46台とネットワークが接続され、81年までに２１３台のコンピューターが繋がることになった。※

やがて時代遅れになりつつあった「ＡＲＰＡＮＥＴ」の後継システム開発が進み、ＮＡＳＡが構築したシステムが、１９８９年に全世界を対象としたネットワーク実験を実施する。

その後、商用利用を訴える人々が増えたこともあり、さまざまなインターネットサービスプロバイダが続々と創業されると、ついに１９９２年にアメリカ連邦議会は、商用利用でのインターネット接続を認める法案を可決する。

こうして90年代に一般へ爆発的に普及する端緒が開かれたのだった。

※繋がることになった
日本で初めて「ＡＲＰＡＮＥＴ」と接続されたのは東北大学で、ハワイを経由（アメリカ本土まで繋ぐより、地理的に近いハワイまでの方が安価だったから）した。

●インターネットは核攻撃に備えるために作られた

ところで、「ＡＲＰＡＮＥＴ」プロジェクトについて「核攻撃に備えて設計されたネットワークだ」という指摘がある。１９９４年7月の「ＴＩＭＥ」誌から広まった言説であり、60年代に作られた、米空軍シンクタンクのランド研究所研究員、ポール・バランのレポートが根拠になっている。

確かにこれは、「敵の攻撃のあとでも数百の通信基地が互いに交信できるような通信ネットワークの合成を考えよう」という一文から始まっている。つまり、ソ連の核ミサイルによってアメリカ本土が攻撃された際、アメリカは直ちに反撃してソ連を同じく核ミサイルで滅ぼさなければならない。そのために必要なのは、核攻撃を受けても存続可能な命令・通信系統の確保である。米軍がランド研究所に、このような研究を委託していたのは事実だったが、バランの構想は後に頓挫しており、※研究は止まっている。

ＡＲＰＡＮＥＴ開発を指揮した、アメリカ国防総省の高等研究計画局局長のチャールズ・ヘルツフェルトも、「ＡＲＰＡＮＥＴは核攻撃に耐えうる指揮統制システムを作るために始まったわけではない」と否定している。あくまで、「アメリカにある大規模で強力な研究用コンピューターの数が限られていて、それらを使いたいと思っている研究者の多くが地理的に離れたところにいること」が直接の契機だったとしている。ただ、「そのようなシステムの構築は明らかに軍にとって大きな要望ではあった」と補足している。

※頓挫しており
軍関係者やＡＴ＆Ｔ社との、ネットワークに関する意見の相違が原因だったと見られている。ランドは後にシリコンバレーの起業家になって２０１１年まで生きた。

INVENTION 13

【大量破壊兵器から平和利用へ】
原子力エネルギー
Nuclear energy

●アメリカを動かした「アインシュタインの手紙」

何かと日本を騒がせている原子力エネルギーは、19世紀後半になって芽が出て、以来急速に発展を遂げた分野である。

1938年、ドイツのオットー・ハーンと、リーゼ・マイトナーがウランの「核分裂」を発見すると、原子力利用の歴史が一気に動き出す。その後、核分裂反応によって放出される中性子は、他のウラン原子に当たって連鎖反応を起こすことも分かった。

これに対し、ユダヤ系の物理学者たちの間では、「ナチス・ドイツが先に原子爆弾を開発するのではないか」という懸念が広がる。その年の8月、フランクリン・ルーズベルト※大統領に一通の書簡が送られる。

「アインシュタインの手紙」と呼ばれたそれは、ウランの連鎖反応が強力な兵器となりう

※フランクリン・ルーズベルト（1882～1945）
アメリカ第32代大統領。海軍次官、ニューヨーク州知事を経て、1932年に民主党の候補者として大統領選に当選。ニューディール政策や「第二次世界大戦参戦」による戦時経済により、世界恐慌で落ち込んだアメリカ経済を立て直した。アメリカ史上唯一、4選された大統領でもある。

ること、ナチス・ドイツが研究を開始していることを指摘し、政府への注意喚起と原子力研究への支援を主張する内容であった。もっとも、「アインシュタインの」と銘打たれているものの、実はこれはハンガリーからアメリカに亡命していたユダヤ系物理学者レオ・シラードが執筆し※、アインシュタインに署名させたものであった。

天才物理学者の名前が効いたのか、シラードと、同じく亡命物理学者のエンリコ・フェルミに資金援助がなされたが、原子爆弾の現実性については懐疑的だった。なぜなら核分裂を起こすウランの同位体「ウラン235」が、天然ウラン中には約0・7％しか含まれていなかったのだ。

しかし翌年、イギリスで画期的な発見がなされる。バーミンガム大学の、これまたユダヤ系物理学学者のオットー・フリッシュとルドルフ・パイエルスが、ウラン235を爆発させるためには数キロから10キロあれば十分であることを解き明かしたのだ。2人は、これまたドイツへの警告を含んだレポートを政府に提出し、それをイギリスから伝え聞いたアメリカは、ついに原子爆弾開発に本腰を入れることを決めた。

●「マンハッタン計画」始動

1942年、ウランに続いて研究対象となったプルトニウムの生産と、爆発的核反応に関する基礎研究の目処がたったアメリカ政府は、陸軍省技術本部内に、「マンハッタン管区」

※執筆し
つまりシラードこそが、広島・長崎への原子爆弾投下のきっかけを与えた人物だといえるが、後に投下に反対したことで、彼を「原爆投下の元凶」ととるか、「良識派」ととるかの評価が分かれている。

を設置し、陸軍にプルトニウム生産計画を移管する。以後は原子爆弾開発計画すべてが陸軍に掌握されることになる。かくして21名ものノーベル賞受賞者を投入し、アメリカの総力を結集した「マンハッタン計画」が始まった。

　翌年には、プルトニウムを用いた爆弾の製造を目的とした「ロス・アラモス国立研究所」が設立される。所長には理論物理学の権威でユダヤ系アメリカ人のロバート・オッペンハイマーが就任した。

実験の爆発直後の火の玉。まばらに見える黒点は木々である

　核分裂連鎖反応の制御に最適な爆弾を研究した末、アラモゴード砂漠で行われたプルトニウム爆弾による人類史上初の核実験、「トリニティ実験」を行う。実験は大成功※で、爆発の衝撃波は160キロ先でも感じることができ、爆発で生まれたキノコ雲は高さ12キロにまで達した。

　原子爆弾が完成に近づいて、開発の主導権が軍に移っていくと、関わっていた科学者たちは、爆弾のあまりの威力にそれが持つ社会的・倫理的な問題や、「核の時代」について恐怖するようになる。かつてアインシュタインを使って、ルーズベルトを動かしたシラードは再び書簡を送る。

※大成功
マンハッタン計画の公式ジャーナリストは、実験の結果にかかわらず緊急にプレスリリースを発表できるよう、大成功を伝えるものから、事故の失敗で研究者が全滅してしまったことを説明するものまで用意していたという。

その内容は以前とは打って変わり、「原子爆弾の対日無警告投下には反対すべき」、「日本が降伏勧告に従わない場合は示威実験をすべき」と穏健的だったが、あっさり黙殺された。

結局、「原子力エネルギー」という発明の成果は、人類史上空前絶後の恐るべき新型爆弾「リトルボーイ※」、「ファットマン※」という形で世に現れることになった。

現在、その是非を巡って議論が戦われている原子力発電への道が開かれたのは、原子爆弾がもたらした終戦から8年後の1953年。アメリカ大統領ドワイト・アイゼンハワーが「Atoms for Peace（平和のための原子力）」という提案を国連総会でぶちあげたのだ。核兵器にのみ使用されていた原子力の力を、発電という平和利用に向けるという、大きな政策転換であった。

実現のための技術的なハードルは、亡命物理学者のフェルミの原子炉がほぼ解決済みであった。原子炉内を飛び交う中性子の速度を落として核分裂反応が起きる確率をアップさせる「減速材」や、飛び回る中性子を吸収して分裂の連鎖反応を鈍くする「制御棒」などというアイディアは、研究用原子炉「シカゴ・パイル1号」で実証済みであった。

日本では1955年、〝原子力の父〟と言われた読売新聞社主・正力松太郎の強力な後押しで「原子力基本法」が成立。研究を経て各地に原子力発電所が建設され、現在では48基の発電所が存在している。

※リトルボーイ
※ファットマン
それぞれコードネームには由来がある。「ファットマン」は太くて、丸っこいから。「リトルボーイ」は設計当初は「ファットマン」より細長くなる予定だったため、「シンマン（やせっぽち）」という名前だった。しかし設計時に比べて長さが短くなったことからリトルボーイとなった。

第二章◉

戦争をルーツに持つ日用品

INVENTION 14

【筆記文化に革命をもたらした】
ボールペン
Ballpoint Pen

●第一次世界大戦の余波が影響

パソコンでの打ち込みが主流になった現在も、日常的にお世話になる文房具の代表格といえるのがボールペンだろう。インクは黒や赤に青といった基本的なカラーのみならず、さまざまなメーカーが多様なラインアップを揃えているし、インクの種類も油性・水性・中性（ゲルインク）といったバリエーションがある。

1本で複数の色を書き分けられるタイプ、シャープペンシルと一体化したタイプは当たり前で、近年では鉛筆のように消せるインクも登場したり、〝無重力でも書ける※〟と謳う製品まであるなど、多種多様な新製品が生み出されている。

このボールペンもまた、戦争が生み出した発明品だといえる。

きっかけは1914年からはじまった「第一次世界大戦」だ。

※無重力でも書けるインクの放出には重力が使われているため、一般的なボールペンはペン先を上に向けるとインクが出せなくなり、書き始めからほどなくしてインクが止まって書けなくなる。

人類史上空前絶後の、世界中を巻き込んだ大戦は、数多くの文書を必要とした。軍隊内の命令書だったり、戦地から故郷にあてた手紙だったり、用途はさまざまだった。ところがちょうど戦争で工業生産力が世界的に落ち込む。

紙もまた工場で生産される製品だから、影響を受けてしまい、長い大戦が終わると、世界中で紙不足が起こってしまった。そうなると紙に限らず、とにかくあればマシということで、粗製濫造された製品が出回るようになる。

これに大打撃を受けたのが、当時の〝筆記用具の王様〟万年筆※だった。万年筆は、ペン軸の内部に溜まったインクが、毛細管現象によって溝の入った芯からペン先に流れ、文字が書けるようになるという構造を持っている。

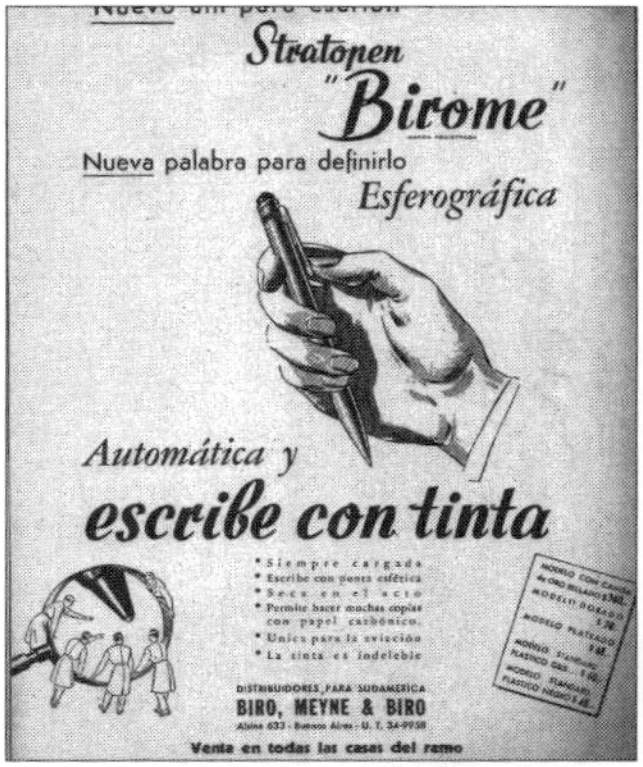

※ 1940 年に発売されたボールペンの広告

しかし粗悪で毛羽立った紙では、万年筆のペン先の滑りが悪くなる。引っかかって紙を破いてしまうこともしばしばだ。

そうした時代の要請を受けて登場するのが、次世代の筆記具、ボールペンだったのだ。

もっとも、ボールペンという発想そのものは、19世紀末にジョン・ラウドというアメリカ人が思いついていた。しかし、インク漏れが防げず実用

※万年筆
現在の万年筆のもとになったのは、953年、エジプトのファーティマ朝カリフ（イスラーム国家の指導者）であるムイッズが「衣服と手を汚さないペン」を欲して開発されたものだとされる。ちなみに近代日本は万年筆の一大生産地であり、1940年には世界の万年筆の約半数は日本製だったという。

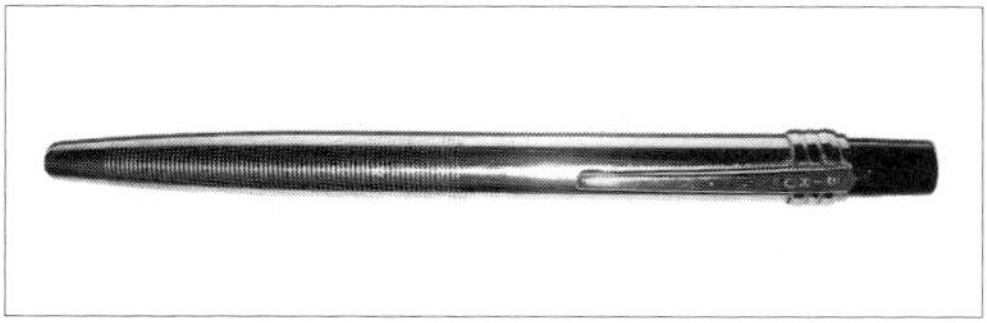

※ 1940 年、ビーロー・ラースローが売り出した「Birome」

化には至っていなかった。

ボールペンは、その名の通り、ペン先に小さなボールが装着されていて、ボールを覆う外殻との僅かな隙間から、適量のインクがボールの回転に応じて出てくる。ボール部分を紙の上で滑らせると、その分だけインクが放出され、文字が書けるわけだ。

構造上、万年筆に比べると紙の質を選ばずに筆記することができる。

原理は簡単だが、個々のパーツには非常に高度な技術が求められた。ボールが凸凹していては、インクの放出量がバラバラになってしまうし、インクの粘り気が強過ぎるとかすれて文字が書けない。かといって必要以上に水っぽいとインクが出過ぎてしまう。

なによりボールと外殻部分の間を、適切な間隔に保たなければならないから、高度な金属加工技術が求められるのだ。

「第一次世界大戦」時のドイツで、全く新しい合金※が開発されており、これがペン先のボールに使用するには好都合だった。インクも適度な粘り気を持ったものが開発され、これを細いチューブに入れるという発明もできた。

●イギリス空軍がボールペンを採用

※新しい合金
ボールペンの先端のボールは、ステンレス鋼、タングステン、セラミックス、プラスチックなどが使われていることが多い。

従来の問題点を概ね克服し、世界で初めてボールペンの特許を取得したのは、ハンガリー人のジャーナリスト、ビーロー・ラースロー※だった。1943年、「Birome」というブランドを、アルゼンチンで販売し始める。

ここで、またも戦争がボールペンの普及に一役買う。イギリス空軍が万年筆よりもインク漏れしにくいことに着目し、同社製品を採用するのだ。

やがて、アメリカ軍が進駐した日本にもボールペンが持ち込まれることになる。進駐軍兵士の胸元に光る、万年筆に似つつも趣の違う筆記具。それは万年筆のようにインクを継ぎ足す手間がかからない画期的なアイテムだった。

当然日本でも、国産化に向けた動きが終戦間もない時期から見られ始める。しかし悲しいかな「ジャパン・アズ・ナンバーワン」などと言われるのは、はるか後になってから。材料不足と技術不足で、当初の国産品はまったく使い物にならなかった。

また当時、ボールペンのインクはなぜか黒色ではなく、青色のみだった。

これには理由があり、欧米ではタイプライターで作成された文書に直筆サインを施すために使われるケースが多かったのだが、その際タイプ文書との区別をつけるため、青色が好ましいとされていたからだ。

ところが日本はサイン文化ではなく、印を押す押印文化だし、鉛筆にしろ毛筆にしろ文字を書く色は黒色だ。そこで日本のメーカーは独自に黒インクを開発したのだった。

※ビーロー・ラースロー（1899～1985）ハンガリーのジャーナリスト、発明家。ジャーナリストして働いていたとき、新聞の印刷に使っているインクが素早く乾き、にじまないことに着目する。そのインクが粘性が強く万年筆に向かないとわかったので、化学者の弟と共同でボールペンを発明した。

INVENTION 15

【夏の風物詩は実は……】

花火

Fireworks

●中国発の「黒色火薬」

「夏の風物詩」といえば、花火※である。7月から8月にかけての週末は、全国各地で郷土色豊かな花火大会が開催され、多くの人でにぎわう。それ以外にも、プロ野球の試合の企画やテーマパークでも打ち上げられる。

花火は年々、その道のプロによって改良が重ねられている。例えば、江戸時代の花火は濃いオレンジのような色のみだったが、現在はかつては不可能だと思われた色も開発されている。また色だけではなく、打ち上げ花火によってキャラクターを描くこともできる。

花火の色彩や大空に描かれるデザインについては、日本が特に優れた技術を持つとされる。繊細さより豪快さを優先させる海外の打ち上げ花火に比べて、日本のものは情緒に訴えるようなものが多い。

※花火
打ち上げ花火のみならず、家族で手持ち花火を庭先で楽しむのも夏の定番。特に、すぐ落ちてしまう儚さと、飛び散る火花の可憐さが郷愁を誘う線香花火は、安定した人気を誇るアイテムといえる。

こうした花火の主な素材は、もちろん火薬である。さまざまな原料を巧みに配分することで、色合いが変化。それに燃焼速度を調節すれば爆発の仕方も変わる。また、火薬の詰め方を工夫して、爆発によって描かれる形状を変えることができる。

火薬の中でも最も古い歴史を持つのが「黒色火薬」である。一般に中国で発明されたものとされていて、少なくとも11世紀の中国の書物には黒色火薬を使用したと思しき記述が見られる。

※たくさんの観光客を集める「諏訪湖祭湖上花火大会」

中国では古代から、敵の来襲を知らせるための松明やかがり火など、火を軍事目的に積極的に利用してきた歴史を持つ。火の中に竹を投じると大きな爆発音がすることも発見している。これが「爆竹※」のルーツだ。

宋王朝の時代には「梨火槍」と呼ばれる、現在のロケット花火のような形状をした武器も発明されている。まさしく燃焼材・推進剤としての「火薬」がなければ実現できない新兵器だ。

用途としては、城塞都市の防衛戦の際、城壁を乗り越えようとする攻城兵器などを狙い撃ちし、排除する武器だったようだ。

※爆竹
中国では爆竹の音が邪気を払うと信じられているため、婚礼儀式や伝統行事、祝祭日、祭典、催事などにおいて派手に鳴らしまくるのが一般的。

浮世絵師・楊斎延一による作品「両国花火之三曲」

●火薬に差し伸べられた再就職先

日本では中世に、海戦で敵の船を沈める「焙烙火矢」※が使われていたことが確認されている。1542年に鉄砲が伝来すると、火薬の需要は急激に伸びた。

残念ながら、火薬の原料となる硝石は日本では産出されないから、輸入に頼らざるを得ない。

しかし合戦における鉄砲の優位性が確立されるにつれ、戦国大名たちは火薬を常備することを迫られた。大量輸入していては財政が保たないため、代替手段が盛んに開発された。

加賀国（石川県）などでは、サクという草から硝酸カリウムを得る技術が発明され、他の地方では「古土法」と呼ばれる、家屋の床下から採れる土から硝酸カリウムを抽出する方法で硝石を得ていた。

こうして全国で火薬が大量生産されるようになったものの、豊臣秀吉が天下を統一すると、めっきり使う機会が減ってしまった。そんな折り、豊臣家に代わって覇権を握ろうとしていた徳川家康のもとに、イングランド王・ジェームズ一世の使者が訪れる。彼が持参した望遠鏡などの土産のなかに、花火があったのだ。

※焙烙火矢
陶器に火薬を入れ、導火線に火を点けて敵方に投げ込む手榴弾のような武器。敵船を燃やすというよりは、爆発や陶器の破片で敵兵を殺傷することが目的だった模様。主に中国地方の水軍が使用し、海戦で猛威をふるった。

家康が見たのは、火薬が詰まった筒を地べたに置いて、上方の点火口に着火すると勢い良く炎が吹き出す、現在は「吹き出し」と呼ばれる花火だ。大御所を大喜びさせたことで「花火」の噂は全国を駆け巡ったと思われる。

せっかく生産方法が確立された火薬の、いわば〝再就職先〟が発見された瞬間である。

それからすぐ、家康は「大坂の陣」で豊臣家を滅ぼし、今度こそ日本に泰平の世が訪れた。暇を持て余した大名たちの間で、〝花火ブーム〟が巻き起こるのは自然な流れである。家康をことのほか敬愛した3代将軍・家光も祖父に倣って花火を愛したことから、いわば幕府公認の娯楽として愛されたのであった。

特に将軍のお膝元・江戸では、江戸っ子たちの新しもの好きも手伝って、市中をあげてのブームに発展していった。しかし爆音が鳴り響き、打ち上げ事故が火事※を誘発する花火は次第に取り締まりの対象になっていく。

幕府は江戸時代を通じて5度も花火に関する禁令を出しているが、庶民は一度味わってしまったカタルシスをそう簡単に手放せるものでもない。事故を防ぎたい幕府と、花火を楽しみたい庶民とのイタチごっこは、江戸時代を通じて続くのだった。

※火事
江戸時代の二大花火師といえば鍵屋、玉屋である。玉屋が人気面で鍵屋を上回っていたと思われるが、1843年に玉屋から失火し半町を焼く事故が起きてしまった。失火は重罪であり、当主は江戸を追放されて家名は断絶となった。

INVENTION 16

【あれもこれも戦争発のモード】

ファッション

Fashion

●機能性本位で開発された「トレンチコート」

現在、広く使われている伝統的なファッションの中には、戦争を起源とするものが数多くある。

有名なところでは「カーディガン」。毛糸かニットを編んで作った前開きの上着で、簡易的な防寒着として重ね着用に使われることが多い。考案したのはイギリスのカーディガン伯爵。１８５３年、「クリミア戦争」に従軍した彼は、Ｖネックセーターを前開きにすれば、負傷兵※でも着脱しやすいと考え、これを作らせたという。

戦場の風景が名前になっているのは、「トレンチコート」。トレンチとは、本書で何度も登場した「塹壕」のことで、「第一次世界大戦」における息苦しい塹壕戦を戦うために発明されたのが、このトレンチコートなのだ。

※負傷兵
言い伝えでは、カーディガン伯爵は、負傷してセーターを着られず、上から被せられていた負傷兵を見て、黙ってナイフでセーターを切り裂き、抱き起こすとその肩にかけてやったという。

開発した国はこれもイギリスだ。ドイツと対峙していた西部戦線では、両軍が塹壕にこもって膠着状態が続いていた。機関銃が登場したことにより、歩兵はうかつに遮蔽物がない平地を前進することが不可能となった。長距離砲の命中精度も上がり、敵軍に動きを察知されれば部隊全滅の危機もある。

とはいえ後に退くわけにはいかないから、お互いに塹壕を掘って前線を死守するしかなかったのだ。陣地といってもただの溝に過ぎないので、ヨーロッパの寒さが身にしみる。また排水設備はあるものの、雨が降れば水たまりができ、泥沼のようになる。

そこで雨水を通さない、防水ギャバジンで作られたのが「トレンチコート」だった。

両肩には覆いがあって雨を素早く下に落とし、肩章が雨に濡れるのを防ぐ。打ち合わせを二重にして雨の侵入を防ぐのだが、これは防風・防寒効果も生んでいる。

さらに防寒性を高めるため、袖口やウエスト部分を締めるためのベルトがついているのも特徴。腰部分※には、いちいち脱がなくても物を出し入れできるように大きめのポケットが左右に取り付けてある。

「トレンチコート」を着るドイツのゲッベルス宣伝相（中央）

※腰部分
腰回りに備え付けられている金属のD鐶は、もともと手榴弾を吊り下げる部分の名残とされている。

艦上でダッフルコートを着用するイギリス海軍の兵士

もっとも、支給されたのは将校だけで、一般兵はこのニューファッションの恩恵に与る機会はなかった。

●余剰品が出回って流行した「ダッフルコート」

「第二次世界大戦」で誕生したのが「ダッフルコート」。もともとは北欧の漁師たちが防寒着として利用していた上着がルーツだが、その特徴は「トグル」と呼ばれる留め具を利用することで、手袋をしたままでも着脱を容易にしている構造にある。

これを軍用の防寒着として流用したのは、またしてもイギリス。海軍御用達の防寒着として使われたものは、木製トグルに留め紐は麻製、生地のカラーはキャメルなどと決まっていた。戦争が終わると市場に余剰品が大量に放出され、冬の定番コートとしての地位を固めたのだった。

意外なところでは、ビジネスマンに必須のファッションアイテムともいえる「ネクタイ」も、戦争にルーツ※を持つ。こちらの起源はかなり遡り、紀元前の古代ローマ時代だ。出征する兵士を見送る妻や恋人が戦勝や無事の帰還を祈って、愛する人の首に「フォーカル」

※ルーツ
時は過ぎ17世紀のフランスで、兵士が思い思いに奇抜なデザインのスカーフを首に巻いて出征するという流行が起こる。これに刺激を受けた貴族の間で、レースのような薄い麻布を首に2回巻き付け、首の前で結んで垂らすというファッションが流行った。ネクタイの直接の先祖という意味では、こちらがルーツということになるだろう。

という布を巻き付ける風習があり、これがネクタイの原型といわれている。

●日本語として定着した「セーラー服」

もっとも身近に浸透している軍用ファッションといえば「セーラー服」である。「セーラーカラー」と呼ばれる巨大な襟が特徴で、世界的な流行の源となった国はまたまたイギリスだ。水夫《セーラー》が着る制服、つまり海軍のユニフォームとして、この服を世界で初めて採用したのだ。

巨大な襟の由来にはさまざまな説がある。

一部を紹介すれば、「襟を立てれば集音装置として機能するから、海上での会話に好都合」、「滅多に髪を洗えない船上生活でフケが目立つのをさっと払って防止」などなど。また、昔は丸襟だったらしいが、裁縫が苦手な水夫でも繕えるように、簡単な四角形になった、ともいわれている。

現在でも多くの国で海軍が制服として採用しているが、19世紀後半から20世紀初頭にかけて、子供向けのファッションとして世界的に流行したことで、日本でも女子生徒の制服として採用※されるようになった。ちなみに現在では、日本のコスプレイヤー文化が世界に浸透したせいで、「セーラー服」といえば、そのまま世界（のオタク）に通用する用語になっている。

※制服として採用
１９８０年代の不良女子中高生の間では、セーラー服のスカート丈を異常に長くするなどの改造が流行した。そこで着崩すことが難しい制服としてブレザーとチェックのスカートを採用する学校が出始めた。また「セーラー服よりも可愛い制服の学校に行きたい」という需要が高まるなど、近年は制服としてのセーラー服は激減している。

INVENTION 17

【前線兵士を救うために生まれた】

救急車

Ambulance

●近代戦における負傷兵

できればお世話になりたくない「救急車」は、今や現代医療には欠かせない。

このルーツとなったものが登場したのは、ナポレオン時代※のフランス。当時はすでに近代的な銃火器が広く使われるようになっており、負傷する兵の数も増え、それが原因で命を落とす兵士も急増していた。傷つける武器が刃物や弓矢から銃弾になったことによって、軍医や衛生兵といった応急手当を行う後方支援兵の必要性も高まっていた。

近世の戦争では、兵士が負傷したら同僚が背負ったり肩を貸すなどして後方に運搬し、難しい場合は担架の類で運べば事足りていた。しかし、銃火器による「大量殺戮」の時代ともなれば様子が変わる。

後方に輸送しなければならない兵士が増えれば、それだけ前線の兵を割かねばならない。

※ナポレオン時代
ナポレオンが繰り広げた「ナポレオン戦争」では、フランス軍は連戦連勝ながら負傷者も続出したため、「廃兵院」という傷痍軍人施設を世界で初めて整備した。

同僚を運んでいる間というのは、姿勢を低く保てず移動速度も遅いため、格好の的となる。

かといって前線を維持するために負傷兵を放置すれば士気はガタ落ちである。つまり従来の負傷者運搬方法に限界が見えてきたのが、ちょうどこの頃であった。

●早く安全に負傷兵を運べ！

※ 1900 年頃にオーストリアで使われていた救急車

ナポレオン・ボナパルトは近代戦争の先駆者として有名だが、その戦術の特徴は「兵力の集中※」にある。だから補給や輸送といった兵站に特に心を砕く将だった。当然、できるだけ人手をかけずに、迅速に負傷兵を後方に運ぶシステムにも関心を寄せていた。

そんなナポレオン陣営にあって、台車や馬を用いて負傷者をスピーディーに後方へ輸送してしまおうと考えたジーン・ラリーという軍医がいた。

軍医長に任命されたラリーは救急部隊を任され、「ワゴン」と称された台車をフル活用して、負傷者の救助を一手に担ったという。このワゴンが救急車の起源とされている。

※兵力の集中
兵力の集中は戦略の基本中の基本である。世界最古の兵法書である「孫子の兵法」も兵力を集中しての各個撃破を繰り返し強調している。

一連の「ナポレオン戦争」最後の戦闘「ワーテルローの戦い」

こうして専門の部隊が負傷者を迅速に搬送することによって、前線の兵力を救助に割かずに済み、また、搬送までの時間が短縮されたので、負傷者が死に至るケースを減少※させることになった。

●応急処置も可能だった

画期的なことに、「ワゴン」には、現代の救急車に通じるシステムが搭載されていた。運搬中に簡単ながら応急処置が可能だったのだ。

すでに当時は救急セットのような、応急処置のためのツールをまとめた道具箱も発明されており、軍医は負傷兵をその場で治療すべく、救急セット持参で前線に赴いていた。簡易な外科手術もできるほど多彩な道具が一通りパッケージされている本格的なもので、それをワゴンに積み込んで前線に向かったわけである。

前線の兵士にとっては「助かる見込み」が確保されているという事実は、大いに士気に影響したはずだ。ナポレオンの強さの秘密はこんなところにもあったのかもしれない。

現在、災害医療の現場では、大事故・大規模災害などで多数の傷病者が発生した際、重

※減少
それまで命を落としていた者が生還するということは、身体機能の一部を失って母国に帰還する兵士が増えることも意味した。日本では「日露戦争」後に数万人規模の負傷兵が帰還し社会問題となった。

症度によって救命の順番を決めなければならない。この作業を「トリアージ※」というが、これもナポレオンの時代に処置する負傷兵に優先順位をつけるために考えられたものだ。語源はフランス語でコーヒーやブドウを選別する際に使われる単語「trier」である。

●「南北戦争」で救急車が登場

ちなみに「救急車」という呼称が使われたのは、アメリカの「南北戦争」のときである。当時は馬車が救急車として使用されており、「馬車救急車」と呼ばれていた。これが負傷者の搬送に多大な成果をあげたため、戦後は市民へのサービスに転用された。１８６５年にシンシナティで導入されたのが最初とされる。乗用車としての救急車では、１８９９年にシカゴのミハエル病院で使われたことに始まるといわれている。

現在でも、戦場における救急車は特別な存在であり、「戦時国際法」の下では、赤十字章をつけた救急車は戦闘中であっても攻撃されず、傷病者を搬送することが認められている。ただし、救急車への武器の携行は許されておらず、衛生兵であっても武装解除してから乗り込む必要がある。

※トリアージ
改訂外傷スコア、外傷深刻度スコアといった判断基準が存在する。日本では１９９５年の「阪神・淡路大震災」以降広く知られるようになった。

INVENTION 18

【暗号が障がい者福祉に】

点字

Braille

●日常に溶け込む「点字」

「点字」は今や現代社会の風景に溶け込むように、自然に利用されている。

分かりやすいところでは、歩道や駅のホームなどで必ず出くわす「点字ブロック」だ。進行方向を示す、線が入った「線状ブロック」、危険箇所や施設の位置を示す、点が集合した「点状ブロック」に分かれている。

点字と似た働き※をするものを挙げていくと、紙幣なら金種を区別するための識別記号が下部に刻印されているし、ボトルの形状が同じシャンプーとリンスも区別のための記号が刻まれている。

このように「ユニバーサルデザイン」という考えが広まるにつれ、視覚障がい者の生活の質を向上させるべく、判別が困難と思われるものについては識別のための何らかの仕掛

※点字と似た働き
500ミリリットル以上の紙パックでは、牛乳とジュースで上部に違う印を入れて区別している（ないものもある）。

けを施すことが当たり前になっている。

五十音やアルファベットに対応する点字は、表音文字の一種に数えられる。

点の組み合わせで示されるのは、あくまでもひとつの音で、例えば「橋」は対応する点の集合体で「は・し」と表現せざるを得ず、「橋」「箸」「端」などの同音異義語を書き分けることができない。このため文章を点字翻訳する場合は、文節ごとにスペースを空けて読みやすくする※といった工夫がなされている。

こういった弱点があるとはいえ、視覚障がい者にとっては文字を読むための貴重なツールである。

点字はいかにも障がい者福祉の発展に伴って、弱者に向けて開発されたもののように思えるが、じつはこれも立派な〝戦争の発明〟である。

視覚障がい者はブロックが頼り。上に物を置いてはいけない

●作戦文書を闇夜で読むべく開発された

「点字」は視力に問題を抱えた人が、健常者同様に字を読むことを可能にしたもの。これが戦争によって生み出されたとなれば、「字を読むのが困難な状況」に対応するために発明されたということだ。

※読みやすくする 空白を挿入することを「分かち書き」、複合語を構成要素ごとに区切ることを「切れ続き」といって、点字翻訳における重要作業である。

バルビエがルーツの点字を打ち出す※パーキンスブレーラー

そう、点字は夜戦のために開発されたのだ。

無線がない時代には、味方同士の通信手段といえば、口頭での伝言のほか、文書や狼煙といった視覚に頼ったものしか存在しなかった。手違いがあると困るから、重要な作戦の内容は文書で司令部から前線に送られる。

無線がないということは、電気も実用化されていない。灯りは油やろうそくなどに限られてくる。

しかし前線ではそうした灯火ですら、敵に自分たちの居所を知らせるようなもの。せっかく届いた文書が闇夜では思うように読めない！

こんなジレンマを抱えていた砲兵、シャルル・バルビエがいたのは、またしてもフランスのナポレオン・ボナパルトの陣営だった。

軍事の天才・ナポレオンは、自身の作戦が思うように展開していないとなれば、即座に方針を転換する柔軟性を持つ。夜であろうと作戦文書を瞬時に理解しなければならない。

そこでバルビエは、文書を暗闇でも読めるようにするべく、アルファベットを12の点で表す暗号を考案したのだ。バルビエが非凡だったのは、「これは視覚に難がある人たちの

※パーキンスブレーラー
アメリカ製で非常に高価な点字タイプライター。持ち運びには難があるが、下から上に凸面を打ち出すことができ、しかも6つの点の1マスを同時に打つことが可能だった。

ために使えるのではないか?」と発想を転換した点だ。

１８２０年、バルビエは暗号「夜間読字」を携えて、パリ盲学校を訪れる。ところが、暗号として開発されたものゆえに扱いが簡単ではなく、普及には至らなかった。

●6点点字として生まれ変わった暗号

彼の意思を継いだのが、同じフランスのルイ・ブライユである。職人の息子として生まれたが、3歳のとき、父の工房で遊んでいるうちに置いてあった錐で誤って左目を突き破ってしまう。しかも5歳のときには感染症にかかって右目の視力も失い、5歳で全盲となってしまった。

中途障がい者となったブライユがパリ盲学校に在籍していたとき、あのバルビエの点字と出会うのだ。

これに可能性を感じたブライユは、12文字の使用法をマスターすると、これを普及させるべく改良に着手する。句読点や長音を表現できるようにするなど工夫を重ね、１８２５年に、現在も使われている6つの点を組み合わせて文字を示す「6点点字※」を発表したのだ。

※6点点字
現在の日本では11月1日が「点字記念日」に認定されている。これは1890年、訓盲唖院の教師をしていた石川倉次が、ブライユの「6点点字」を日本語に対応できるように工夫したものが、政府に認定された日だから。つまり日本の点字教育も、すでに1世紀を超える息の長いものなのだ。

INVENTION 19

【日本人のお腹を満たす戦争の発明】

電気炊飯器

Electric rice cooker

●食卓の風景を一変させた

米を主食とする民族は世界各地にあれど、その味や品質、なにより「炊く」という行為にまで執着するのは日本人だけだろう。天候不順で米の流通が滞った「平成の米騒動※」の際には、緊急事態にもかかわらず輸入米に口をつけようとしなかった。

その主食を支える家電といえば「電気炊飯器」。実は炊くという調理法には「米に水を吸わせる」、「水から煮る」、「蒸す」という複雑な工程があり、これを機械任せにできているのは、すごいことなのだ。

現在は炊き方を選べて、仕上がりの硬さも自由自在。お粥も作れれば炊き込みご飯もボタンひとつででき、パン焼きまでこなす製品も登場している。釜で火を通すのと同じように炊ける機能は当たり前で、内蔵の釜については、その製法や素材までもが消費者の吟味

※平成の米騒動
１９９３年に起きた、記録的な冷夏によって引き起こされた米不足現象。20世紀最大級といわれるフィリピンのピナトゥボ山噴火が原因となったとされる。

の対象となっている。

●日本軍の移動式炊飯器

その「電気炊飯器」のルーツもまた、戦場にある。

「腹が減っては戦はできぬ」とはよく言ったもので、古今東西の軍隊にとって、いかに兵士に美味しい料理を供するか※というのは重要なテーマであり続けている。

命のやりとりをしているのだから、士気の維持のためには何でもいいから胃に放り込めば満足、というわけにはいかなかった。

ヨーロッパでは、フランスのナポレオン時代に「パン焼き車」が実用化されている。台車にパン焼き用の小型窯を設置し、馬に牽かせたのだ。

近代化後の日本も、機材を馬に牽かせる程度だったが、「第二次世界大戦」期に炊飯に関する画期的な兵器が登場する。とはいえ、米にうるさい日本人にしては随分時間がかかった印象がある。

米が好き過ぎて脚気が流行るほど日本人はこの穀物を愛する

※料理を供するか
食料は自軍の兵士だけではなく、捕虜にも与えなければならない。大勢の投降を受け入れるということは、兵糧面で莫大なコストがかかる。古代中国の春秋戦国時代の名将・白起は40万人に及ぶ捕虜の食料が調達できず、ほぼすべてを生き埋めにしたという。

「九五式軽戦車」（右）と並ぶ「九四式六輪自動貨車」（左）

というのも、１９１８年の「シベリア出兵※」のあたりまで、日本軍は補給に困るような遠方に大軍を送り込む戦争を経験していなかった。

しかも「第二次世界大戦」の頃には自動車の導入によって兵の移動速度が上がり、馬では追いつけなくなっていた。何より日本軍の主戦場はアジアで、陸続きで平野部が多いヨーロッパとは違う。

そこで糧食供給についても、今までとは異なる戦略が必要とされた。そして生まれたのが陸軍の「九七式炊事自動車」。炊飯機材をトラックに積んだものだが、その動力として電気を用いているのが画期的だ。調理機材はすでにスチーム式であり、火を起こさなくて良いから、敵に発見されにくい利点があった。

停車していれば1時間あたり５００食を供給可能で、汁物にすれば７５０食まで延びた。炊飯専用ではなく、煮炊きなら何でもこなせるオールラウンダーであり、南方の戦線では、生水の煮沸消毒にも利用されていた。

※シベリア出兵
１９１８年に起きたロシアへの武力干渉。フランス、アメリカ、イギリス、日本が共同で出兵した。

●主力軍用トラックがベース

この〝動く炊飯器〟のベースとなったのは「九四式六輪自動貨車」。ガソリンもしくはディーゼルのエンジンを持つ六輪トラックで、開発したのは現在ではトラック生産のいすゞ自動車として有名な自動車工業株式会社だ。

九四式六輪自動貨車は、満鉄（南満州鉄道株式会社）が夢の超特急「あじあ号」の運行を開始した1934年に制式採用されている。悪路が続く満州を走破できる工夫が施され、指揮官用として使われていた。

同車に炊事機能を持たせたのが「九七式炊事自動車」で、仕様面では70馬力で最高速度70キロ程度とアメリカ車には敵わなかったが、走行中に炊事が可能であるなどたいへん実用的な兵器※であった。

終戦後、この技術が家電に直接受け継がれたわけではないが、1955年の暮れには東芝が「自動式電気炊飯器」を発売している。すでにタイマー機能もあって、就寝前にスイッチを入れておけば、早起きせずとも炊きたてのご飯が食べられるという優れものだった。

それまでは工程の進捗具合によって火力を調整するなどの作業も必要で、火をかけて放置するわけにはいかなかったが、それを自動化し、見張る手間まで省いてみせたわけで、炊飯器の登場によって、日本の主婦の家事負担は大きく減ることになった。

※実用的な兵器
ちなみに「九四式六輪自動貨車」は、炊事車への転用のみにあらず、高射砲を牽引するトラックなどとしても活用され、主に中国大陸で活躍した。

INVENTION 20

凧

【敵陣を偵察するドローンだった？】

Kite

●日本人に親しまれる伝統的な遊び

現代の日本でも正月の風物詩のひとつとなっている凧。筆者も小学生時代、下手なりに自作した凧を飛ばしていた。どこまで高く上げられるのか興味本位で、仲間たちが持つ限りの凧糸を繋ぎ合わせ、はるか彼方に凧を泳がせていると、上空1キロほどにまで達してしまい、回収に難儀した思い出がある。

このように歴史が古い娯楽ではあるが、凧を使ったマリンスポーツ「カイトボード」※が登場するなど、近年になっても進化が見られる。

また、凧は遊具としてではなく、カメラを搭載すれば上空から地表を撮影する空撮機材にもなる。「ドローン」の登場でその座を脅かされつつあるものの、手軽さから学術調査などにも用いられている。

※カイトボード
ボードに乗った状態で、専用のカイト（凧）を操り、水上を滑走するウォータースポーツ。推進力は凧が風を受けることによって生じる揚力である。

●墨子による「木鳶」発明

実はこの凧、古代中国の春秋戦国時代、軍事目的に発明されたのが最初だといわれている。

当時は群雄割拠の大戦乱の時代で、「諸子百家」と呼ばれるさまざまな思想家が、それぞれの統治理論を考案し各国の君主に重用されていた。凧を発明したとされるのは※、そのうちのひとりである墨子《ぼくし》。珍しく博愛・平等主義を掲げる思想家であり、同時に優れた兵法家であったとされる。

1830 年頃から開催されている相模原市の行事「相模の大凧」

凧のエピソードが登場するのは、別の諸子百家のひとりの韓非の思想をまとめた『韓非子《かんぴし》』という書物だ。

墨子が木で鳶《とび》を作った。

3年がかりで完成したものの、1日飛んだだけで壊れてしまった。

「木の鳶を飛ばされるとは、先生の技術は素晴らしいですな」

弟子がそう言うと、墨子は答えた。

「いや、車輗※を作る者にはかなわない。一尺足らずの材木しか使わず、1日もかけずに仕上げてしまい、それで

※凧を発明した
同時期に、奇抜な器具を数多く作ったことで知られる工匠・魯班も凧を作った記録が残っている。鳥型で、3日連続で上げ続けることができたというが、墨子も含めて伝説の匂いがする。とはいえ、中国で凧が軍事利用されていたことは、各種の史料が証明している。

※車輗
馬車や牛車の道具のひとつで、馬や牛と車を繋ぐ棒のことだと思われる。

いて30石の重荷を載せて、遠くまで運ぶ力がある。しかも、何年も長持ちする。私の作った鳶は、製作に3年もかけながら、1日飛んだだけで壊れてしまった」

恵施※がこれを聞いて言った。

「墨子はたいした技術家だ。実際に役に立つ車輗を作る者が、空を飛ぶ鳶を木で作る者よりも、腕が立つことがわかっているのだから」

この、墨子が木で作った鳶「木鳶《ぼくえん》」が凧の起源とされている。作った理由については推測の域を出ないが、兵法家の墨子のことだから、人を載せて敵の城を上空から偵察したり、距離を測ったりする目的があったと思われる。

記述のなかでは、あくまで凧は墨子の明断ぶりを示す引き立て役に終始しているが、現代人が読むと、紀元前に上空に凧を飛ばしてみせた彼の先見性に目を奪われる。

●「タコ」は昔「イカ」だった

やがて中国では、木ではなく紙で作った「紙鳶」が庶民の間に広まり、日本にも平安時代には渡来したと思われる。当初は、貴族たちの遊びだったが、江戸時代に入ると庶民の玩具として人気を博すようになった。現在では子どもの遊びの代名詞のようになっているが、当時は粋な大人が楽しむものであった。

※恵施（けいし）
（紀元前370年頃～紀元前310年頃）
中国の春秋戦国時代の思想家。諸子百家のひとり。著書は失われたため、他の書物に残る発言から思想をうかがい知るしかない。

そしてなんと、当時の呼び名は「タコ」ではなく「イカ」。「紙鳶」と書いて「イカノボリ」と読ませていたようだ。よく考えれば、足を伸ばした際の凧の形状はタコというより、イカに似ている。

これが「タコ」に名称変更された理由には諸説ある。ひとつは幕府の「イカノボリ禁止令」に対する庶民の、洒落が利いた抵抗。「これはイカじゃなくてタコですから」という屁理屈で禁止令をすり抜けようとしたのだ。もうひとつは、上方で「イカ」と呼ばれているので、江戸っ子が対抗意識から「タコ」にした、というもの。

そしてご丁寧に、新語に対応する新しい漢字※として「凧」まで発明してしまった。つまり中国発祥の凧だが、現地に「凧」という漢字はないのだ。

先述した禁止令だが、3代将軍・徳川家光の寛永年間に流行が始まり、早くも明暦年間にはお触れが出されていたから、よほどの過熱ぶりだったのだろう。禁止されてしまった理由は単純で、各地で凧の墜落による事故が多発したからだ。

ケンカの原因になるばかりではなく、なかには大名行列に突っ込んでしまうこともあった。大名屋敷に突っ込んだ大凧のせいで屋根が損壊し、修繕に大金が必要になる事件もあったというから、尋常ではない。

禁止令を乗り越えた凧は、江戸時代の後期になると「立春の季に空に向くは養生のひとつ」という言葉を体現する縁起物として、正月遊びの定番になったのだった。

※新しい漢字
形状をそのまま示したような字の形に、考案した者の高いセンスを感じないだろうか。

INVENTION 21

【国民食普及の背景】

カレーライス

Curry and rice

●日本人の舌をつかんで放さないカレー

今やラーメンと並び、外国由来の〝国民食※〟代表の座を揺るぎないものとしているのが「カレーライス」だ。学校給食でも長らく「児童生徒に人気のメニュー」上位を占め続けており、街中ではカレー専門店も目にするばかりではなく、ラーメンと同様「ご当地メニュー」にも事欠かない。

日本におけるカレーライスの歴史は意外と古い。「文明開化」によって西洋の食文化が流入してきた当初から、すでに「洋食」を掲げる飲食店のメニューに並んでいた。

もっとも、味覚の点でも価格の面でも、明治初期の庶民にとって身近な存在であるはずもなく、一部の好事家や資産家などが口にする場合がほとんどだった。それを国民食の地位にまで引き上げたのが日本軍なのである。

※国民食
レトルト食品の製造量のほとんどをカレーが占めていることからもわかるように、ラーメンと同じく、手軽さも大きな魅力だろう。

●大日本帝国軍を悩ませた〝天敵〟

明治政府は、徴兵制度によって全国から兵を集め、西洋流の軍隊を作りあげることによって「富国強兵」を推し進めた。しかし、同時に浮上したのが兵の「脚気《かっけ》」罹患問題だ。

脚気は、ビタミンB1の欠乏によって心不全と末梢神経障害をきたす疾患である。これらの症状による副作用で下半身がむくみ、痺れることからその名がついた。

明治時代から日本人に愛されているカレーライス

我々がこよなく愛する白米からはビタミンB1が摂取できないため、まさに日本人の〝天敵〟である。江戸時代には、地方の武士が江戸に転勤して白米をたらふく食べて罹患したことから「江戸患い」などとも呼ばれた。

明治時代に入っても、脚気の原因は解明されず、逆に「軍隊に入れば白米がたらふく食べられる」と宣伝して兵を集めたため、陸海軍で大量の罹患者を出してしまった。

転機は、イギリスで衛生学を学んだ高木兼寛※が海軍医務局副長となったこと。イギリスで脚気が「栄養由来の疾患」であると知った高木は、ただちに改善に乗り出す。

麦飯を取り入れるほかに、高木が導入したのがカレーライスだったのだ。

※高木兼寛（1849～1920）日本の海軍軍人。薩摩藩出身。医学博士で、東京慈恵会医科大学の創設者である。海軍において脚気の撲滅に尽力したことから、「ビタミンの父」とも呼ばれた。

脚気の撲滅に尽力した高木兼寛

●あらゆる面で好都合だったカレーライス

白米を腹いっぱい食べつつ、脚気を防止できるメニューとして、高木が辿り着いたのが野菜や肉がふんだんに入ったカレーライスだったという。

もともとはイギリス海軍が導入したメニューであり、本場のインドカレーと違って小麦粉でとろみがついているのは、船の揺れに備えてのことだとされている。

また、同じ材料で味付けだけ変えれば「肉じゃが」になるので、船に積み込む食材が少なくて済み、補給の面でもメリットが大きい。程良い辛味は食欲を増進させ、流動的な食感は食欲不振であっても胃に流し込もうという気にさせる。

こうして「日露戦争」当時、まずは横須賀鎮守府でカレーライスが導入され、やがて「海軍カレー」として広く親しまれるようになる。もちろん、一連の高木の改革によって、海軍の脚気罹患者数は劇的に改善されていった。

一方で陸軍はというと、何かと手本としていたドイツが脚気の「細菌由来説」を採っていたため、兵食改革が進まなかった。この悲劇の片棒を担いだのが、軍医総監の森林太郎。現在は文豪・森鴎外※として知られる人物である。彼が高木の対策を徹底的に批判、否定

※森鴎外
（1862〜1922）
明治時代の小説家・軍医。島根県出身。本名は林太郎。軍医としてドイツに留学。出世を重ねながら創作、翻訳、評論など多彩な文学活動を展開した。『舞姫』、『青年』、『雁』、『高瀬舟』などが有名。

したことから、麦飯の導入が遅れて多大な犠牲者を出してしまった。結局、陸軍が兵食を麦混合のものに改めるのは、海軍から遅れること30年、1913年のことであった。

●あの味付けも海軍が発祥

カレーライスに欠かせないサイドメニューが「福神漬け」である。古くは江戸時代に起源を求められるようだが、現代の我々がよく知る味となると、これもまた兵士たちの効率的な栄養摂取を考慮して考え出された、軍用食がルーツ※だ。

福神漬けは「七福神」にならって、7種類の具材を漬け込むのが基本だ。大根や茄子などがメインで、これを発酵させず醤油などで味付けする。だから古くから伝わる福神漬けの多くは、醤油が利いてしょっぱい。

しかし、軍で缶詰として支給されていた福神漬けは、食欲増進を狙ったのか、砂糖で甘くしたものだった。時代が下るにつれて砂糖が高級品となっていったことも手伝い、軍人が帰省するときに持ち帰る福神漬けは、見事に庶民の心を捕らえた。

日本人は、煎餅にしろ、照り焼きにしろ、醤油と甘味料を混ぜた甘辛が好み。その嗜好にバッチリとはまったわけだ。

※軍用食がルーツ
カレーとの組み合わせということでいえば、諸説あるものの、1902年に日本郵船の欧州航路客船で、一等船客にカレーライスを供する際に添えられたのが最初であるとされる。

INVENTION 22

【遠征のために発明された】

携行保存食

Nonperishables

●携行保存食で腹を下す

国家が戦争を遂行するうえで、欠かせない要素のひとつが「兵站」だ。近代以降は、銃弾などの補給も重要視されたが、近代火器がない時代からずっと、指導者の頭を悩ませ続けたのは食料の供給だ。

近代以前の戦争は、洋の東西を問わず、食料は「現地調達※」が基本とされてきた。つまり敵の領地で略奪して食い繋ぐということだ。特にヨーロッパの城塞をめぐる攻防戦が盛んになる中世以前は、長期遠征が珍しくなく、わざわざ収穫期に乗り込んで腹を満たしつつ進軍することも多かった。

それもこれも食料が矢や銃弾といった武装に比べ、保存性に難があるからだ。もちろん、保存食の携行は古くから試みられていた。

※現地調達
そのため、肥沃な大地に恵まれた地域や物流が集中する交易都市などは、軍隊にとって魅力的な進駐地帯として映っていた。

日本の戦国時代は、「糒《ほしい》」と呼ばれる、一度炊いた飯を天日乾燥させたものを用いていた。※ところがこれは胃に優しいものではなかった。水に戻す余裕がなく、そのままボリボリと頬張る者も多く、腹を下してしまって士気を下げたこともあったようだ。

●ナポレオンと「瓶詰」「缶詰」

江戸時代の絵画に描かれた支度中の足軽。足元にあるのが兵糧

一方でヨーロッパでは、主食のパンがどうしても外せない。近代以降は台車に固定した小型の窯を馬に牽かせて同行させるなど、前線に焼きたてのパンを供するための工夫を凝らした。

しかし石臼が必要だったり、窯を牽く馬が周りから遅れるなど苦労していた様子が史料に残されている。原料となる小麦も現地調達できれば良いが、なければ兵站基地から運搬しなければならない。

新鮮な肉も用意したいところだが、後方から前線に送るのは技術的にも衛生的にも不可能。そこで仕方なく干し肉などが携行された。

また、近代に入ると、軍隊の主力は忠義に燃える職業

※用いていた　この他に、塩気で雑菌の繁殖を抑える点に着目して味噌や梅干しなども選ばれている。

殊勲の料理人ニコラ・アペール

軍人ではなく、徴兵された一般国民になっていく。

彼らを空腹を満たすだけの「エサ」で満足させようとすれば士気にかかわる。

本国から離れても新鮮さが感じられ、温かく作りたての美味しさを味わえる「レーション（軍用携行食）」の探求が進むことになる。

トップバッターとして登場するのは「瓶詰」と「缶詰」。両者とも発明者が同じで、これらを生み出したのはフランスの料理人、ニコラ・アペール※だ。

ホテルを実家として育ち、料理人となった彼は、宮廷料理人として順調にキャリアを積み重ねていた。

ある日、そんな彼の眼に、「新しい軍用保存食を開発した者に、懸賞金を与える」という公募が飛び込んできた。

広く国民からアイディアを募ろうと考えた柔軟な頭の持ち主は、またしてもナポレオン・ボナパルト。長期遠征に先立ち、食料補給を万全にすべく新たな保存・携行ツールを求めていたのだ。

アペールは、酢漬けやアルコール漬けなど、もともと長期保存を目的とした漬物類をベー

※ニコラ・アペール（1749〜1841）フランスの食品加工業者。「フランス革命」に参加し投獄された経験を持つ。1804年に瓶詰での食品保存を考案し、パリ近郊で製造に従事した。これでナポレオンの公募に当選し1万2000フランを得る。

スとして、さらなる長期保存の可能性を探ることにした。瓶に食材を入れて密閉し、これを沸騰した湯に浸けて長時間、消毒する。こうすると、グリーンピースなどが今までと比較にならないほど腐らず長持ちすることがわかった。

既存の容器を使えて、しかも手法は単純とあって、アペールは見事ナポレオン軍の御用達となる。一生遊んで暮らせるほどの莫大な賞金だけではなく、〝人類の恩人〟なる称号まで得られた。

ところが、アペールは欲がない人物で、自分が発明した食品保存の方法を独占しようとはしなかった。その代わり、財産を注ぎ込んで、新たな食品保存術を探すことに勤しむのだ。欲がないアペールの研究成果を参照し、彼の発想を活用して缶詰のルーツを作り上げたのはイギリスのピーター・デュラント。

デュラントが開発したのはブリキでできた密閉容器である。これを瓶詰同様、沸騰したお湯で煮沸消毒する。もっとも、現在では当たり前の缶切りは開発されておらず、開けたいときはハンマー※で叩かなければならず、開封については厄介さが残る代物であった。

●缶詰の普及を促したのも戦争だった

それでも、長期保存が可能という利便性は、まだアメリカに「フロンティア」が残されていた当時としては魅力的である。遠洋航海に旅立つときは必需品だったたし、探検隊にも

※ハンマー
ハンマーでなければノミ、戦場では銃剣で開封していたというから乱暴な話だ。

※陸上自衛隊のレトルトパウチ型野戦糧食

重宝されたのだった。

やがて、割れやすく重い瓶より、詰み重ねができて軽く、壊れにくい缶詰が広まっていくのだが、そのきっかけもまた、戦争が作った。

アメリカで「南北戦争」が勃発して、携行しやすい缶詰の需要が急速に拡大したのだ。登場から半世紀目にして、ようやく相棒の缶切りも発明され、このコンビはアメリカ中に流通した。

やがて手軽さが受けて庶民が口にする機会も増え、同時期に日本にも上陸する。早くも1871年には日本人が初の国産缶詰を生産していて、「日清・日露」の両大戦では、軍の携行食として一気に存在感を増した。

やがてアメリカ軍は、さらなる軽量化と空き缶の処理の問題から、缶詰に代わる保存方法を開発する。「レトルトパウチ」である。ポリプロピレン、ポリエステルといった合成樹脂を組み合わせたフィルムに食品を封入し、空気や水分、光から遮断する密封方法である。

その後、「アポロ計画」に採用されたことで、各食品メーカー※が食いついたものの、家庭に冷凍冷蔵庫が普及していて食品の長期保存に慣れているアメリカの一般家庭には受け

※各食品メーカー
レトルトパウチは、日本では「ボンカレー」の登場で一気にメジャーにのし上がった。この分野では、今でもカレーが圧倒的なシェアを誇っている。

入れられなかった。しかし、その普及が遅れていた日本では次世代の保存術として一気に注目され、現在の地位を確立したのだ。

●実は日本発だった「サプリ」

そして、現時点での携行保存食の最終形態といえるのが「サプリメント」だろう。欧米では食事とともにサプリメントを併用する文化が根付きつつあり、日本にも浸透しつつあるようだ。

これもアメリカの発明と思いきや、実は日本の発明である。

「カレーライス」の項目でも触れたが、明治時代の日本軍は発足当初から「脚気」に悩まされ、国家をあげて原因の究明にあたっていた。

栄養化学者・鈴木梅太郎※らもまた、脚気から兵士を守る方法を研究していた。そして、米糠から分離できたビタミンB１を工業的に抽出する手段を発見する。これに注目した農学博士の称号を持つ陸軍の川島四郎は、「特殊栄養食」として製剤し、兵士に配布できるようにした。サプリメントの起源といえよう。

すでに、熱に弱いビタミンをいかに保護しながら携行に向く状態にするか、というアイディアも生み出されており、こうした成果が戦後のアメリカに伝わって現在の「サプリ大国」アメリカを生む土台となっている。

※鈴木梅太郎
（１８７４〜１９４３）
日本の農芸化学者、栄養化学者。ドイツ留学後、東京帝国大学教授、理化学研究所員となる。米糠からビタミンＢ１を取り出すことに成功し、ビタミン学研究の先駆者となった。

INVENTION 23

【戦場で時を刻んだ】腕時計

Wristwatch

●精緻なテクノロジーの宝庫・腕時計

その実用性とデザイン面から、リストを飾るアクセサリーとして根強い人気※がある「腕時計」。１００円や２００円の「ガチャガチャ」で入手できるような製品もあれば、芸術作品と呼べるような超高級品もあるなど、その価格はピンキリだ。

ぜんまいで動くアナログ表示もあれば、液晶などを用いたデジタル表示もあり、スマートフォンをコンパクトにしたような「スマートウォッチ」など、現在も続々と新製品が発表されている。

時を刻む機能だけではなく、防水機能やストップウォッチ機能を搭載することもある。アナログであれば、ぜんまいを巻かなくても動き続けてくれる自動巻き機能や、午前０時に日付表示が変わるデイトジャスト機能などは、ごく当たり前のものとなった。

※根強い人気
国内メーカーでいえば、手ごろな価格と高度なデザイン性、それに少量生産からくる希少性やラインアップの豊富さを誇る「スウォッチ」や、タフネスさが魅力の「Gショック」シリーズが人気である。

●19世紀ドイツ海軍が実用化した腕時計

このように、現在もなお進化を続けている「腕時計」もまた、戦争がきっかけで発明され、戦場からの要望で機能が追加されてきた歴史を持っている。

19世紀の後半、携帯する時計といえば、「懐中時計」しかなかった時代。皇帝ヴィルヘルム1世が統治するドイツで腕時計は産声をあげた。それ以前にも腕時計の存在は確認されているが、それは女性の手首を飾る装飾品であり、一点もの※で実用性は考慮されておらず、普及を見据えてもいなかった。

一方で、普及していたのが懐中時計。普段はだいたい着衣のポケットなどにしまっておき、時間を確認したいときに取り出す。文字盤のところに蓋が付いていれば、それを開けなければ時刻が読めない。

※史上初の量産型軍用腕時計。無骨だ

こうした動作の多さは、機敏な動きを要求される軍隊にとって邪魔でしかない。ということで、ヴィルヘルム1世は、腕に据え付けておけば、手首の文字盤を見るだけで済む腕時計に着目した。

これにはメリットがもうひとつあり、懐中時計の場合は少なくとも片手、蓋付きなら両手を使わないといけなかったところを、腕時計であれば両

※一点もの
ちなみに現存する最古の腕時計は、ナポレオン・ボナパルトの最初の妻、ジョゼフィーヌ・ド・ボアルネが1806年に作らせた、通称「ジョセフィーヌの時計」である。

手の自由を確保できる。

腕時計がない時代のドイツ海兵の中には、正確な砲撃のために我流で懐中時計を腕に括り付けていた者もいたようで、いわば現場の需要が政府に伝わって制式採用に至ったといえるだろう。

1879年、ヴィルヘルム1世はドイツ海軍用として、現在でも高級メーカーとして知られる「ジラール・ペルゴ」に、世界で初めて※腕時計を2000個量産させた。画像を見て頂ければ分かるように、網目状の金属製カバーが文字盤を覆っている。現代の我々から見ればデザインの一環のようにも見えるが、当時の視点からすると衝撃を前提に設計されていることがわかる。

こうして機能性に優れた腕時計は、時間を管理し軍を統制するのにも役立つことから、たちまち世界中の軍隊が注目するところとなり、日本でも1894年に勃発した「日清戦争」に従軍する兵士の中に、この最新機器を身につけた「新しもの好き」が存在していたといわれる。

その後、名だたる時計メーカーや宝飾メーカーが次々と腕時計市場に参入し、懐中時計を専門に扱ってきたメーカーや職人も腕時計製作へと移行していく。そうした中で、はじまったのが「第一次世界大戦」で、これがさらに発展と普及を進めることになる。

ちなみに日本国内で、初めて市販タイプの国産腕時計が発売されたのは1913年。服

※世界で初めて
今でこそオシャレアイテムである時計だが、軍用として出発したため、当時は男性用しかなかったのである。

部時計店（現・セイコーホールディングス株式会社）が発売した「ローレル」である。

●もとは軍用に開発された機能の数々

先述した時計に搭載されている機能も、戦争がきっかけで追加されたものがたくさんある。

高級腕時計メーカー※の代名詞ともいえる「ロレックス」が早い時期から実用化していた機能のひとつが防水機能。これは海軍が発祥という腕時計の歴史から見ても、必然的な成り行きだろう。こちらも「第一次世界大戦」当時は、リューズをねじ込む方式が一般的だったが、「第二次世界大戦」中には新たに、ゴムパッキンを用いて防水機能を高める方式が編み出されている。

ストップウォッチ機能も、軍用の研究成果によって強化された側面がある。砲撃手が発射から着弾までの時間を計って、距離を割り出すといった用途があったからだ。

戦場の主役が航空機へと移り変わっても、航空兵が腕時計を必要とした。フライトプランを守らなければならないし、操縦中に懐中時計などを取り出す暇はない。

また、見やすさを追求して大きな文字盤や、即座に視認できるような文字の字体や色なども改良が加えられていった。戦場という過酷な条件下で使われるものだからこそ、新機能や耐久性についても研究が重ねられていったのだ。

※高級腕時計メーカー　イタリアの高級腕時計メーカー「オフィチーネ・パネライ」に至っては、イタリア海軍の特殊潜水部隊のために軍事用ダイバーズウォッチ「ラジオミール」を製作したところから歴史が始まっている。

INVENTION 24

【殺人光線でこんがり焼きあがる】

電子レンジ

Microwave oven

●マイクロ波で食品を温める

「電気炊飯器」と並び、家庭生活に欠かせない家電のひとつが「電子レンジ」だろう。

名前に「電子」が付いているが、庫内に電子を射出してものを温めるわけではない。電波のなかでも波長が非常に短い「マイクロ波」を発生させ、それを食品中に含まれる水分子にぶつけることで熱を生み出すのだ。

マイクロ波がぶつかった水分子は激しく振動し、周囲のこれまた振動している水分子とぶつかり合って摩擦熱を生むわけだ。含まれる水分が少ない食材が電子レンジ向きではないのは、この制約があるからだ。温める前にラップをかけるのは※、熱を生み出す源である水分を逃さない、という意味もある。

この電子レンジもまた、戦争が産み落とした存在だ。

※ラップをかける
逆に、揚げ物を温めるときは水分がこもってはいけないので、ラップをかけない方が良い。

しかも、とある新兵器を開発していた科学者の〝ドジ〟によって偶発的に発明されたという、ちょっと間抜けなルーツがあるのだ。

●各国で研究された電波兵器

「第二次世界大戦」時、各国は競って電波を活用した新兵器を開発していた。

すでに1888年にはドイツのハインリヒ・ヘルツ※が「電磁波」を、7年後にはヴィルヘルム・レントゲンが「X線」を発見しており、1935年の時点で、すでにフランスがレーダーに「マイクロ波」を使うなど、軍事利用は着々と進んでいた。

ただ、出力がわずか1ワット以下で有効距離が短過ぎたため、出力アップが目指されていた。

そして1939年に、イギリスで500ワットという大出力を安定的に実現するマイクロ波発生装置「マグネトロン」が実用化される。

つまり、当時の研究方針は、出力アップの実現と、それによってレーダーで探知できる有効距離を伸ばすこと

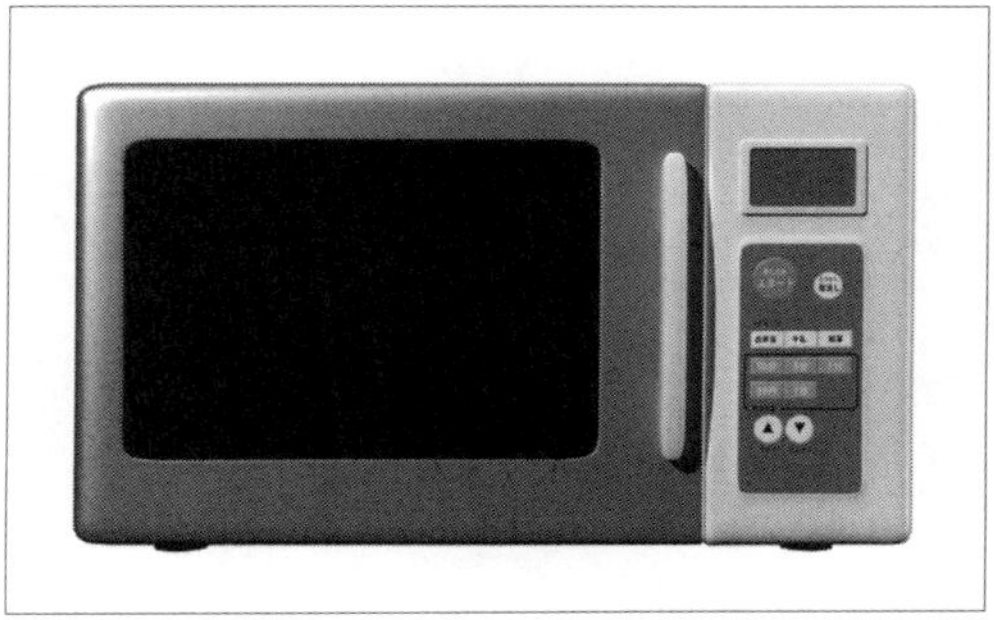

マイクロ波加熱によって食品を温める「電子レンジ」

※ハインリヒ・ヘルツ（1857〜1894）
ドイツの物理学者。ジェームズ・クラーク・マクスウェルの電磁気理論をさらに発展させた。1888年には電磁波の放射の存在を、それを生成・検出する機械の構築によって世界で初めて実証した。

※強力なマイクロ波を発生させる発振用真空管「マグネトロン」

にあり、マイクロ波が物体に及ぼす影響は、研究テーマとしては優先度が低かった。

●レーダー開発のつもりが……

1945年のアメリカ、レイセオン社。

「マグネトロン」生産に従事していたパーシー・スペンサー博士は、レーダーの改良に没頭していた。ある日、博士はいつものようにマグネトロンでマイクロ波を発生させる照射実験※にかかろうとしていた。

ところが、立ち位置がまずかったのか、自分のポケットに当たってしまった。これだけなら重大な発見にはならなかっただろうが、彼は幸運だった。

そのポケットには休憩時間にでも食べるつもりだったのか、チョコレートが入っていたのだ。ポケットからチョコレートを取り出すと、マイクロ波が当たったと思われる部分を中心にドロッと溶けている。これにピンときた博士は、「マイクロ波を物体に当てると熱が発生し、温めることができるのでは?」と思いつく。

さっそく、ポップコーンをマグネトロンの前に置いてみる。すると次々に勢い良く弾け

※照射実験
マグネトロンは電子レンジ内でマイクロ波を発生させる装置として、基本設計は現役である。考えてみれば「500ワット」という出力も現行の家電製品とそう変わらない。

飛ぶではないか。「電子レンジ」の働きが初めて日の目を見た瞬間であった。
「第二次世界大戦」終結後の1947年、レイセオン社は世界初の電子レンジを発売する。スペンサー博士は物体に及ぼす影響という視点から、マイクロ波の可能性を広げたのである。

●日本で誕生していた可能性も？

戦時中、この「マグネトロン」を大真面目に殺人兵器として活用しようとしていた国が、日本である。

1944年、静岡県の海軍技術研究所にて「強力電波研究会」の会合が開かれた。後にノーベル物理学賞を受賞する湯川秀樹※や朝永振一郎も出席するなど、日本が誇る頭脳が集結していた。ここで議題とされたのが〝殺人光線〟の可能性である。

つまり、マグネトロンから放出されるマイクロ波を人体に当てることによって、構成する分子の振動数を高め、内部から崩壊させてしまおうという怖ろしい試みだ。

会合から半年後には試作機が完成する。実験してみると——。

ターゲットにしたサツマイモがこんがりと焼き上がった！　立ち込める香りに吸い寄せられた研究員は、口いっぱいに頬張る。サツマイモに舌鼓を打ちながら、はたと思いつく研究員がいたとしたら、「電子レンジ」は日本で誕生していたかもしれない。

研究ではハツカネズミや犬などが実験用に供され、マイクロ波を浴びた彼らは脳や眼球

※湯川秀樹（1907～1981）日本の理論物理学者。京都大学教授。「中間子」の存在を予言し、坂田昌一・武谷三男らと協力して「中間子理論」を展開した。平和運動にも参画し、1943年に文化勲章を受賞。1949年には日本人で初めてノーベル物理学賞を受賞した。

といった、水分を多く含む部位が数分で沸騰してしまい、死に至った。

これで殺人光線実用化の目途が立ったかといえば、そうではない。実験の結果を人体で再現しようとすれば、対象から10メートルほどの至近距離に近付く必要があった。現実の戦場では、それから起動させて照射OK、となる前に撃ち殺されてしまうだろう。

さらにこれで大型爆撃機「B—29」を撃墜しようとすれば、500キロワットという途方もない高出力が要求された。当然ながら実用化に至ることはなく、終戦を迎えている。※

結局、日本で家庭用の電子レンジが発売されたのは、1959年のこと。到底庶民に手が出るような価格ではなく、その3年後に、10万円台の商品が登場して、やっと普及の目処がついた。ちなみに、当時の大卒サラリーマンの初任給は8万円である。

それが現在では、ワンタッチで調理できるボタンがいくつも備えられ、オーブン機能やトースター機能はいうに及ばず、揚げ物までこなす機種も当たり前のように世に出ている。電子レンジを活用したレシピ本も書店の棚を賑わせ、低価格帯のものなら、1万円程度で購入が可能である。

すべてはスペンサー博士の〝ドジ〟の産物である。

※終戦を迎えている
〝殺人光線〟開発者のひとり、電波技術者の中島茂は生活苦に陥り、マイクロ波でコーヒー豆を炒る機械を製作して東京のコーヒー店に納入してお金を稼いだという。

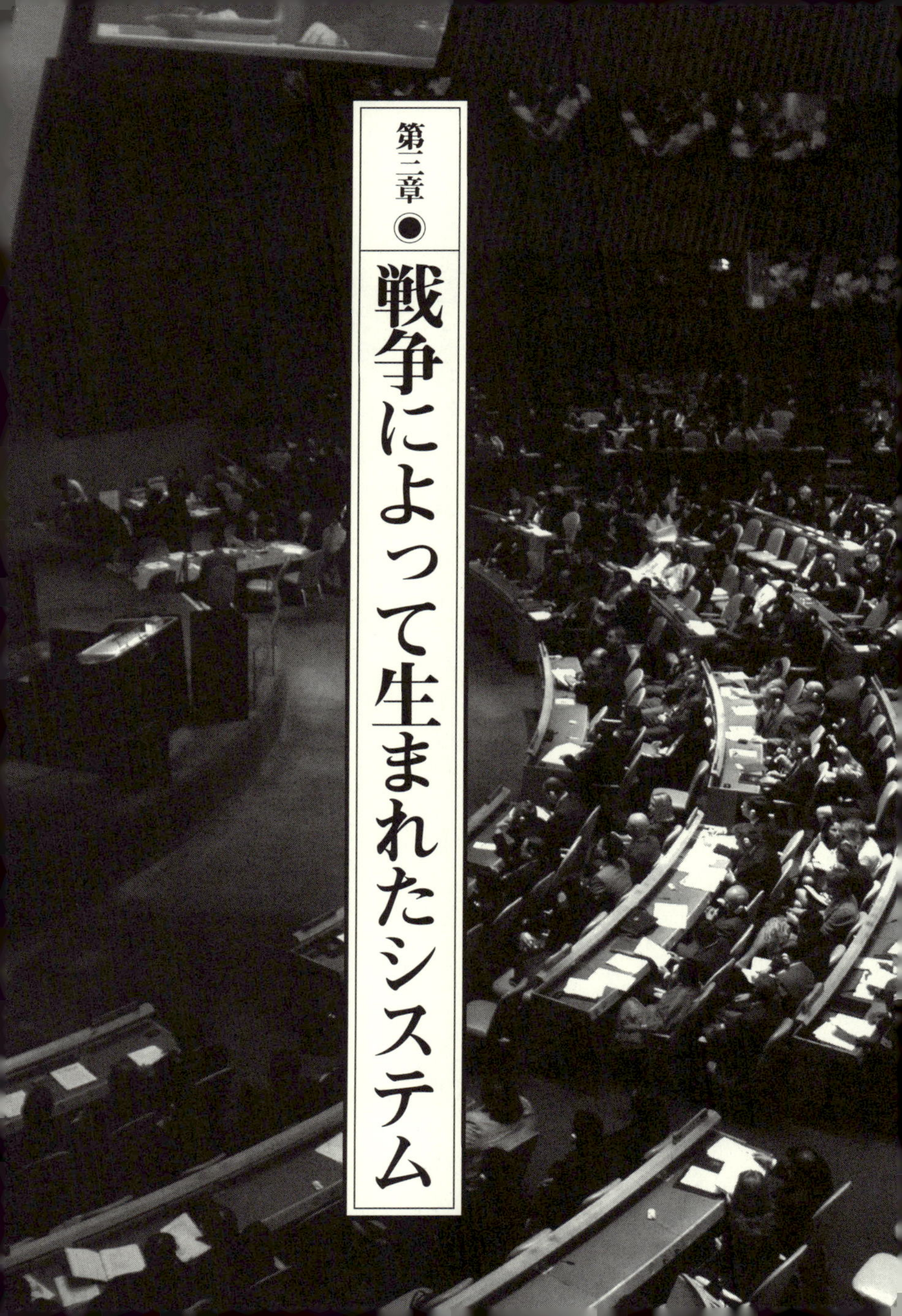

第二章 ◉ 戦争によって生まれたシステム

INVENTION 25

戦法 Tactics

【効率良く敵を殲滅するために】

●「集団」を効率よく活用する

世界史は、そして戦争は「名将」と呼ばれる人物を数多く輩出してきた。連戦連勝で負け知らず、向かうところ敵なしという者もいれば、国の危機に抜擢され、意表をつく斬新な戦術を駆使して救世主となる者もいる。大局観を持ち、最前線で指揮をとらずとも最終的な勝利を勝ち取る、頭脳に秀でた人物もいる。

こうした軍事史上の偉人たちに触れた良書は数多く出回っているので、ここでは戦争が生み出し、長い時間をかけて研鑽された、兵士の運用システムである「戦法」にスポットライトを当ててみたい。

よく誤解されるのは、古代から中世にかけての戦闘では、集団の力より〝個の武力〟が勝敗の行方を左右していた、という思い込みだ。たしかに『三国志演義』※の世界では、呂

※三国志演義
古代中国の魏・呉・蜀の戦いを描いた「架空の」戦記。いわゆる「正史」とは内容が大きく異なっている。作者は羅貫中。

布奉先や関羽雲長といった豪傑が並み居る兵士をなぎ倒し、多少の戦力差はひっくり返してしまう。日本でも「源平の合戦」の時代では、敵将同士が出身地や先祖の名を堂々と名乗り、一騎打ちで勝敗を決したと思われている。

しかし、こうした逸話の多くは創作※であり、結局のところ戦争は古代の昔から、より多くの兵を、効率的に運用した方が勝つと相場が決まっている。

※紀元前2500年頃の石碑に描かれている密集陣形

●古代ギリシャの画期的な戦法

最古の戦法としては「ファランクス」が挙げられよう。これは古代ギリシャで考案されたもので、日本語では「密集方陣」などと表現される。

縦と横、それぞれ決められた数の人数が並び（最初期は16人×16人の正方形が戦闘単位の標準とされた）、できるだけお互いの間隔が空かないように密集する。

隊列を維持しながら前進することで、兵力を一点に集中させて突破力を高め、敵に威圧感を与える効果があった。

隊列に対して敵が散発的に攻撃を仕掛けてきても、一塊となっている兵士たちは物理的にも、精神的にも崩れ

※創作
もちろん有名な一騎打ちの中には、きちんと史料で確認できるものもある。

にくいのだ。

これは現代でも当たり前に用いられる「兵力の一点集中」に繋がる思想だ。

そして、古代ローマ帝国もギリシャの戦法を受け継ぎ、数十人規模の「マニプルス」を基本単位として、それを数百単位で束ね、数千人規模の兵士で方陣を作る「レギオ」を考案した。

これはファランクスが正方形を順守したのに対して、最小単位の人数を減らし、柔軟に運用できるように改良されたものだ。マニプルスは現代風に言えば「中隊」に相当するもので、個別に切り分けることで機動力を発揮させる狙いがあったと思われる。

●ルネサンスで古代の戦法が復活

その後、火器の発明などで戦場の風景はどんどん様変わりしていくのだが、近代初期、つまり17~18世紀になって、ヨーロッパを席巻したのは先述した古代の戦法だったのだ。

直前には、政治・文化を中心として古代に回帰しようという「ルネサンス運動」がヨーロッパを支配しており、軍事の世界でも同様の機運が高まったと思われる。

〝近代陸軍の父〟といわれたスウェーデン王のグスタフ・アドルフ※は明確に古代ローマを意識した軍制を敷いたし、戦術指南書を著したフランスのジャン・シャルル・ド・フォラールも、「横16人×縦32人」の長方形をなす「近代版ファランクス」を提唱していた。

※グスタフ・アドルフ（1594~1632）スウェーデンの王。〝北方の獅子〟と称えられた名将。10カ語国以上をマスターしていたといわれる。数々の戦場で勝利しただけではなく、自国の産業、法制度、経済を改革しスウェーデンを大きく成長させた。しかし「三十年戦争」に介入した際に、前線に飛び出して戦死した。

使う武器が変わっただけで、最小単位を決めて、その組み合わせや合流方法で多様な戦局に対応するというのが基本的な発想だが、これは現代の軍隊の仕組みと通じるものがある。この発想が悪い方に作用してしまったのが「アメリカ独立戦争※」だった。

抵抗を仕掛けられたイギリスは、ヨーロッパの伝統に則って「横隊」を用いた。隊列を組んだ兵を横に長く並べ、歩兵が持つマスケット銃で正面の広範な敵に広く対応しようとしたのだ。

「三十年戦争」に出陣するスウェーデン国王グスタフ・アドルフ

伝統に縛られないアメリカ軍は「散兵戦法」を採用する。密集して一塊になるのではなく、最小単位ごとに散らばって敵の手薄なところを狙い撃ちするやり方だ。

陣形が伸び切った横隊では、手薄なところを攻められても、すぐに救援に向かうことができない。総兵力ではアメリカ軍を上回っていても、数の有利を活かせず、局所戦で破られるケースが相次いだのだ。

横隊戦術は相手も横隊戦術で応じることを前提とした陣形であり、イギリス軍はその弱点を突かれたわけだ。訓練されたイギリス軍が破られたことで、ギリシャ以来の密集戦法は見直しを迫られる。

※アメリカ独立戦争
1775年から始まった、イギリスとアメリカ東部沿岸の植民地との戦争。アメリカでは「アメリカ独立革命」と呼び、イギリスでは「アメリカ独立戦争」と呼ぶ。途中からフランスがアメリカ側に参戦し、独立を勝ち取ることに成功した。

「アメリカ独立戦争」において密集陣形をとるイギリス軍兵士

もっとも、これはアメリカが戦法で上回ったというより、両軍の兵の質も関係していた。

絶対王政下の軍隊というのは、傭兵であったり寄せ集めの庶民出身の兵が多く、王のために命を捨てる覚悟で戦場に赴いているわけではない。

極端な話、隙があれば逃げ出そうと考えているし、部隊が敗走すれば踏みとどまることなく武器を捨てて背中を見せる。

密集戦法には、兵と兵の間隔を縮め、そういった士気の低い兵を「同調圧力」で戦闘に参加させる効果もあったのである。

その点、アメリカ軍の民兵たちは自分たちで開拓し、作り上げた国のために戦っている。密集せずに散開しても積極的に戦闘に参加し、ゲリラ戦法でイギリス軍を苦しめた。覇権国となったアメリカが「ベトナム戦争※」や「イラク戦争」でゲリラ戦で大いに苦しめられているのは、歴史の皮肉である。

●ナポレオンが示した新時代の戦法

※ベトナム戦争
１９６５年にアメリカがソ連や中国の支援を受けていた北ベトナムを攻撃したことで始まった戦争。アメリカの予想に反して戦争は長期化し、ジャングルでの壮絶な戦いが続いた。結局、国内外の反対運動と経済的な負担のために、アメリカは戦争を続けられなくなり、１９７３年に終結した。

その後に登場した不世出の天才、ナポレオン・ボナパルトは、伝統的な密集陣形を踏襲しつつも、アメリカ軍のような「散兵戦法」を取り入れることでヨーロッパを蹂躙した。説明すると、最前線に小兵力の散兵を展開し機動力によって敵を混乱させ、そこに後詰の密集陣形を組んだ主力を前進させ、敵を殲滅するという「散兵縦陣」を駆使することで、伝統的な横隊で対峙する敵国を打ち破っていったのだ。

同時に散兵には「分進」といって、個別に目標地点を目指させ、彼らが最終目標に向けて合流する「合撃」を仕掛けることで最終決戦での兵力集中も達成した。伝統にとらわれた敵の意表を突く、奇襲にも相当するような用兵術だった。

しかし、使える資源が増えてくると、ナポレオンは素早く兵力を集中させることで、兵法の常道である「数に任せて敵を押し切る」戦いを見せるようになった。

やがて後年、ナポレオンの成功が、こうした「兵力集中」に依ると考えたカール・フォン・クラウゼヴィッツ※やアントワーヌ＝アンリ・ジョミニといった軍事評論家たちは、兵力集中こそが近代戦を制する戦法だとする論陣を張ることになった。

やがて、これが突き詰められることで、国力のすべてを戦争に振り向ける「総力戦」という考えを生み、近代の2つの世界大戦を現出させる遠因となったのだった。

※カール・フォン・クラウゼヴィッツ
（1780〜1831）
プロイセン王国の軍人、軍事学者。最終階級は少将。「ナポレオン戦争」にプロイセン軍の将校として参加。戦後は軍事学研究に専念し、その死後に妻が発表した『戦争論』が軍事学の古典となる。その思想は各国の軍人に多大な影響を与えた。

INVENTION 26

【民族紛争が創り出した概念】

ヨーロッパ

Europe

●統一性に乏しいヨーロッパ

「ヨーロッパ」といえば、アジア地域の隣のユーラシア大陸の西半分を占める地域――多くの人は、このように理解しているだろう。

地政学や文化史など、枠組みに用いる概念によって指し示す地域に変動はあるものの、世界史を牽引してきたイギリスやフランスにドイツ、中世から近代初期まで長らくヨーロッパを席巻したハプスブルク家※のオーストリアや、バイキングを輩出したノルウェーなどの北欧諸国、それに古代史を彩ったイタリアやギリシャといった国々が内包された地域である。

「国際連合」の分類に従えば、この地域は東西南北に四分割されるが、ロシアのように東ヨーロッパと北アジアに領土を持つ国や、アジア圏に分類される国もあるなど、ヨーロッパという枠組みは多分に概念的である。

※ハプスブルク家
中部ヨーロッパを中心に勢力を持った名門王家。1273年にルドルフ1世がはじめて神聖ローマ皇帝に即位し、カール5世がスペイン王を兼ねた16世紀前半が最盛期だった。

ここには現在、およそ50の国家がひしめき合っており、そのうち、「EU（欧州連合）」には、28カ国が加盟している。バチカン市国のように、世界最小の面積でありながら〝カトリックの総本山〟という特殊な位置づけの国家も存在する。

ヨーロッパとしてひと括りに語られることが多い反面、英語やフランス語やドイツ語にはじまり、国や民族によってさまざまな言語が飛び交い、文化的にも決して統一されているとは言い難い。ひとつの国に公用語が複数あることすら、珍しくない。※

とはいえ、精神面では主にキリスト教を媒介として、近年では統一基軸通貨「ユーロ」によって経済的な統一が推進され、少なくとも日本人は、ヨーロッパとして全体を呼び習わすことに、あまり違和感を覚えていない。

では、この概念はいかにして成り立ったのだろうか？

広大なヨーロッパの衛星写真

●2つの民族大移動

「ヨーロッパ」という概念が生まれたのは、驚くほど古い。古代ギリシャの歴史家ヘロドトスの著作『歴史』にはすでに、現代と変わらないヨーロッパについて言及が

※公用語が複数ある例えば、旧ユーゴスラビアは「7つの国境、6つの共和国、5つの民族、4つの言語、3つの宗教、2つの文字、ひとつの国家」といわれたほどの複雑な内情を抱えていた。

ある。しかし、異なる民族と文化が複雑に絡み合う地域だから、地域の人々がヨーロッパという共通理解を持つにはきっかけが必要だった。

それが、２つの民族大移動である。

まずは、中央アジアが発祥とされる遊牧騎馬民族・フン族の大移動。４世紀頃から、彼らは西へ西へと支配領域を拡大していく。東ゴート族や西ゴート族をはじめとするゲルマン系の民族は、どんどん現在のヨーロッパ中央部に押しやられていった。

フン族に追われたゲルマン人たちが、かつて栄盛を誇った東ローマ帝国に侵入したことによって、古代的な規範や枠組みは破壊されていく。

世界史の授業で必ず登場する「ゲルマン人の大移動※」だ。

大移動といっても引っ越しのようなものではなく、気候変動による食料事情の変化も手伝った大規模な民族紛争だったようだ。

フン族もまた、ゲルマン人を追うように東ローマ帝国に進出し、トラキアやカッパドキアといった名のある都市を次々に攻略する。

ところがほどなく、フン族が樹立したアッティラ帝国はあっけなく崩壊してしまう。

するとその空白を埋めるかのように、フン族が支配していた地域を別の民族が占領する。

やがて現在のフランスを中心としたフランク王国が確立され、相続問題で「西」「東」「中」の３王国に分裂し、それぞれが「フランス」「ドイツ」「イタリア」の原型となる。古代の

※ゲルマン人の大移動
４〜６世紀にかけてヨーロッパで起こったゲルマン人の大移動。東ゲルマン人が建国した国は短命に終わったのに対して、あまり原住地から離れなかった西ゲルマン人の国家は長く続いた。

ヨーロッパを牛耳っていたローマ帝国の末裔である東ローマ帝国と西ローマ帝国も衰退したことによって、今日的なヨーロッパの版図が拡大するのだ。

というのも、ローマ帝国を築いたローマ人たちは、他の民族を「バルバロイ※（野蛮人）」としていた。現在のイギリスやフランスなどヨーロッパのほとんどがバルバロイの住む地域だったが、この境界線が意味を持たなくなり、結果的にヨーロッパとして包括される地域が広がったのだ。

ヨーロッパを蹂躙するフン族を描いた絵画

この頃には、大規模な民族大移動の間隙を縫うように、さまざまな民族が地域に流入している。彼らもまた、独自の民族国家を構築するようになる。

つまり事実上、ヨーロッパは戦争によって確立されていった概念といえるだろう。

●キリスト教とラテン語の普及

各国家の国民たちに、現在のような「ヨーロッパ」という枠組みが浸透していくのは、8世紀を過ぎてからである。大きな影響を及ぼしたのは、キリスト教の普及だった。同じ宗教観を持つことで、同一地域にあるという実

※バルバロイ
ギリシャの他民族に対する呼び方が「バルバロス」で、バルバロイはその複数形。意味は「聞きづらい言葉を話す者」または「訳の分からない言葉を話す者」。

感が芽生えたのだ。

同様に、キリスト教の公用語といえるラテン語※の存在も大きかった。これは知識階級に限られるものの、いわば国際公用語であるラテン語の存在が、同じ精神的文化を共有するうえで果たした役割は大きい。

ちなみに歴史を語るときによく使われる区分「古代」「中世」「近代」は、ヨーロッパを体系的に説明するために生み出された言葉だ。古代ギリシャやローマ帝国の時代への回帰を目指した「ルネサンス運動」によって、それが失われていた中世を〝暗黒時代〟として、それ以前を古代と、古代への回帰を図る近代に区切ったのだ。だからヨーロッパ以外の地域に当てはめようとすると、どこか収まりが悪いのだ。

さて、ヨーロッパの祖型を形作った国家の多くは、封建主義社会を営む。そして一部は帝国主義にシフトし、近代の戦争に次ぐ戦争という時代を招くことになるのだ。

※ラテン語
ローマ帝国と、それを引き継いだ中世ヨーロッパで長らく使われた言語。西洋文明の古典にアクセスしようとすれば、習得は避けては通れない。バチカン市国ではいまだに公用語として使われている。

INVENTION 27

【国民を統合する旗印】

ナショナリズム

Nationalism

●「国家」という概念の中身

「ナショナリズム」は、直訳すれば「国家主義」である。「民族主義※」を含む場合もあるし、戦前の日本を覆った「国粋主義」の意味を持たされることもある。一般には、国家の繁栄・栄光に至上の価値を置き、他のすべての価値に優先させる主義・主張のことであり、近代戦争の多くはこれが引き起こしたとされている。

しかし、しばしば争いを呼ぶナショナリズム自体が〝戦争の発明〟だとしたら?

まず、国家主義だから、これが成立するためには「国家」がなくてはならない。今日では、国家とは「国土を持ち、国民がいて、国家を統べる中央政府がある」というのが、その条件とされている。

ただ、日本のように、「単一民族国家」とされている※国に住んでいると、あまりピンと

※民族主義
民族を統一し、独立・発展を目指す思想。ナショナリズムは国家が主体だが、こちらはあくまで民族。

※されている
こうした表現は「北海道の先住民族であるアイヌ、沖縄の先住民族である琉球族の存在を無視している」という指摘もある。

来ないが、複数の民族を束ねて成立している国家はざらだし、アフリカには、数え切れない民族が住んでいるのに人為的に国境線を引いて内戦を招いている国家も多い。つまり、日本のようにまともな王朝交代が一度もないまま現代に至っている国が特異なのであって、世界において国家とはあやふやな概念なのだ。

そのあやふやな枠組みに最上の価値を置くには、国家を自分たちのものだとする「国民国家」の概念が必要不可欠だ。そして、これこそ戦争が産み落としたものなのだ。

●ナポレオンが育んだ「国民」という発想

本書にすでに何度も登場しているナポレオン・ボナパルトだが、本項でも出番がある。「ナショナリズム」という思想は、「ナポレオン戦争」の影響を受けたヨーロッパで確立されたからだ。もちろん、それ以前も、「ヨーロッパ」の項目で解説したように、フランスやイギリスといった「国家」は存在した。

しかし、中世以前の国家でナショナリズムは存在し得なかった。なぜなら、それまでの国家にいるのは人民であって、「国民」ではなかったからだ。

詳しく解説しよう。

1789年に始まる市民革命※「フランス革命」では、絶対王政に反抗する市民たちが武器を取り、体制を打倒した。封建的な特権は捨てられ、ルイ16世は処刑された。これは世

※市民革命
「ブルジョア革命」とも呼ばれる。市民階級が国の支配を確立する革命。封建主義を打倒し、市民を解放して近代国家を樹立する、極めて急激な政治変革である。

界史上類例のない、「祖国を自分たちの手で作り上げた国家だと自覚する国民」が誕生したことを意味する。自分たちの手で作り上げたからこそ、その「国民国家」の繁栄の価値は至上のものとなる。ナショナリズムの誕生である。

結局、革命政権は頓挫したものの、その後に実権を握ったナポレオンは、革命の理念を完全に継承する。

「フランス革命」のはじまりとなったバスティーユ牢獄の襲撃

一方で、「ルイ16世処刑！」の報に接したヨーロッパ諸国は危機感を募らせた。王政を否定する革命思想が自国へ波及することを恐れたのである。

諸王国は、「対仏大同盟※」を結成し、フランスの革命政権の打倒を目指し、ナポレオンは祖国のために武器をとった国民軍を組織することになる。

ナポレオン率いるフランス軍は、彼の天才的な用兵術と、ナショナリズムに支えられた国民軍の精強ぶりのおかげで、緒戦で連戦連勝を飾り、絶対王政が残る国々に甚大な被害を与えていく。

これによって、身分制度が残存するヨーロッパ各国に、フランス革命が生んだ思想・精神を広めていくことにも

※対仏大同盟
「フランス革命」、および「ナポレオン戦争」において、イギリスを中心とするヨーロッパ諸国が、フランスの政治体制を打倒するために結成した同盟。１７９３年の第一次から、１８１５年の第七次まで7回にわたって結成された。

「ロシア遠征」に失敗し失意の内に撤退するナポレオン

なった。

結局「ワーテルローの戦い」での大敗北を契機に、ナポレオンは失脚することになるのだが、ヨーロッパ各国の君主は革命の再発を恐れて慌てて「ウィーン体制※」を構築し、ナショナリズムを抑えこもうとした。

しかし、時代の潮流には逆らえず「１８４８年革命」によってウィーン体制は崩壊し、ドイツ、オーストリア、イタリアなどで革命が勃発する。

ヨーロッパ諸国は次々に、広義の人民が最高権力を握る「共和制」に移行し始め、いわゆる「諸国民の春」が訪れることになった。

革命に至らなかったイギリスのような国も、自由主義的改革を進め国民の権利を保障した。そして、ナショナリズムの威力を嫌というほど見せつけられてきた各国は、抑えつけるのではなく、むしろ「国民を統合する道具としてナショナリズムを利用する」というステージに移っていったのである。

その結果、遅れて近代化した日本は、市民革命はおろか、歴史上まともな王朝交代すら経験していないにもかかわらず、国民国家という概念を国民に植え付けていくことになる。

※ウィーン体制
「ウィーン会議」に基づいて形成されたヨーロッパの国際秩序。諸大国間の「四国同盟」や「神聖同盟」を骨格とする。保守反動体制である指導者はオーストリアの政治家クレメンス・フォン・メッテルニヒ。

●発想は同じ「国家主義」と「社会主義」

ちなみに「ナショナリズム」は、これと対極にあるように見える社会主義国家と奥底では繋がっている。

というのも、ソ連という世界初の社会主義国家を誕生させた「ロシア革命[※]」に参加した人々の多くは、貧困にあえぐ農民や労働者であり、彼らは「自分たちの手に主権を返す」ことを願っていた。

つまり、「国民国家」の発想と根っこは同じなのだ。

「産業革命」以後、国民同士は対等であるはずなのに、資本主義下で勃興した中産階級が示すように、市民間でも格差が広がっていた。だから皇帝は言うに及ばず、彼ら「富める者」も打倒するターゲットとされたのだ。

結果的には「第一次世界大戦」という、人々の生活を直撃した総力戦が、「社会主義国家」を創設する呼び水となり、ロシア革命は成就した。

彼らは平等に扱われることを望み、そのためには中産階級のような存在は都合が悪い。となると、みんなが平等に労働力を提供し、平等に対価が得られる仕組み、つまり「共産主義」が必要とされたのであった。

※ロシア革命
1917年にロシアで起こった革命。食料の欠乏と度重なる戦争で疲弊していたロシア市民は、皇帝に対する大規模な抗議活動をはじめた。抗議活動にはやがて兵士なども加わり、圧力が強まったことによって皇帝のロマノフ2世は退陣した。その後、紆余曲折を経て、史上初の社会主義国、ソ連が誕生した。

INVENTION 28

【戦争継続のために生まれた】
国債
Government bond

●戦争と密接な関係にあった誕生当時の「国債」

日本で次年度予算が審議される時期になると、「国債発行額」が必ずニュースとして取り上げられる。「過去最高の発行額に」などとヘッドラインを賑わせ、金利変動によってその信頼性が論じられるときには「ムーディーズ」や「スタンダード&プアーズ」といった格付機関※の名前も耳にする。

「国債」は簡単にいえば〝国による借金〟だ。国家の信用性を担保に、利子を付けて返すという約束でお金を出してもらい、その〝証文〟として「債券」を発行する。

この債券は株式証券のように市場で自由に売買できるので、「国債の売買」という表現がよく使われるが、おおもとは「国にお金を貸す」「国がお金を借りる」という取引だ。

売買が自由だから、需要と供給の関係で価格も変動する。

※格付機関
格付機関は、金融商品や企業、政府などについて、その信頼性を調査し等級を発表する企業。調査は経営陣とのミーティングから財務・業界分析など多岐にわたる。

だから国家に信用性がないと発行※しても引き受けてくれる人はいないし、発行済みの国債も、その国の信頼性が揺らげば価値は下落する。

国債は、額面に記載された金額と利率が変わらないので、それより低い値段で購入できれば実質的な金利が上昇し、高い値段で買えば下がる。値段の下落は価値が低下したということだから、名目上（額面上）より金利が上がる、ということになるのだ。

「第二次世界大戦」中に発行された日本の戦時国債

●王様が借金をするためのシステム

この国債というシステムは、一言でいってしまえば、ヨーロッパの王様が好き勝手に戦争をするために生まれたものである。

時は「大航海時代」。絶対王政のもと欧州各国は戦乱に明け暮れており、莫大な戦費を必要としていた。そこで体よく王様が借金をするために発明されたのが、国債だった。

当時の国は王様のものだから、それを〝質入れ〟して戦費が調達できるのは、とても都合が良い。

ところが、気ままに散財した挙句、次代の王が債務を

※発行
国債は銀行券と違って中央銀行が発行することはなく、政府が発行する。ただし「公開市場操作」などで、中央銀行が金融政策に則って国債を市場で購入したりする場合はある。

引き継がなかったり、首が回らなくなってデフォルト（債務不履行）を起こすことも少なくなかった。

そこで、イギリスでは、ウイリアム3世※の時代に、返済の財源としての「税金」を創設することにもなった。実質的な権力が国王から議会・政府へと移っていくなかで、国債は現在のような形にまとまっていった。

●国債で勝利をつかんだ日露戦争

借金をするにはお金を貸してくれる人が必要だ。

各国の借入額が膨れ上がるにつれ、それは国内では賄いきれないほどの規模になっていく。そこで登場するのが「外国債」だ。つまり狭義の国債が国内向けに発行されるのに対し、引受先を広く海外に求めたものだ。

これらを有効使用したのが、国債のシステムを整えたイギリスだ。定期的な国家収入と呼べる税金を確立し、機能的な徴収によって、国債の利子や元本の返済を確実にしたイギリスは、１６９０年代の「九年戦争」時から国債の発行額が増大しはじめ、この期間だけでも10倍近い増加を示している。

その後も「スペイン継承戦争」や「オーストリア継承戦争」など、大規模な国際紛争が起きるたびに発行額は膨らみ続けた。そして「アメリカ独立戦争」が開戦した当初は

※ウィリアム3世（1650〜1702）イギリスの国王。「名誉革命」によって王位に就いた。イギリスでは「オレンジ公ウィリアム」として知られている。生涯のほとんどをオランダに侵略するフランスとの戦いに費やした。

130万ポンド台だった国債発行額は、戦争が終わってみれば倍増していた。「九年戦争」からのおよそ1世紀で見ると、発行額は約30倍になってしまった。

これを支出に占める借金の割合で見ると、例えば「スペイン継承戦争」当時は借入金比率が31％。「アメリカ独立戦争」になると40％にまで伸びている。

こういった際限のない借金でイギリスが得たのは、他国には真似できない規模の常備軍の設立、それに〝世界最強〟を誇る海軍力の整備だった。イギリスが世界の頂点に立つと、結果としてイギリス国債の信用性も高まったのだった。

国際的な地位を上げるために借金を繰り返すというのは、一般的な感覚からすると疑問を覚えるが、我が国も国債を最大限に利用して戦争に勝利している。

1904年に開戦したロシアとの「日露戦争」では、すでに開戦前から日本政府は深刻な資金難に陥っており、外務大臣の小村寿太郎※などが外国を駆け回ってイギリスとアメリカから資金を引き出して事なきを得た。これも「外国債」であり、同時に国内でも「戦時国債」が発行され、面食らう国民に対して必死に売り込んだ。

結局、ぎりぎりのところで「日露戦争」に勝利し、「戦時国債」もどうにか償還できた。すると購入を促進するために高利回りにしていたことも相まって、日本国内で国債は〝ノーリスクハイリターン〟な資産運用手段として、一気に人気を集めたのだった。

※小村寿太郎
（1855〜1911）
日本の外交官。大学南校（東京大学の前身）に入学後は、ハーバード大学へ留学し、法律を学ぶ。帰国後は外務省に入り、1893年に清国代理公使を務める。1901年、第一次桂内閣の外務大臣に就任、「日英同盟」を推進する。1905年の「ポーツマス会議」では日本全権として臨む。不平等条約の解消交渉でも成果を挙げた。

INVENTION 29

【公正・中立・独立の組織】

赤十字社

Red Cross Society

●明確な上部組織を持たない「赤十字」

「赤十字社」は世界で最も有名な人道支援団体だろう。活動における七原則の中で「奉仕」を掲げており、分類としては医療系のボランティア団体だ。

設立を提唱したのがスイス人のアンリ・デュナンだったこともあり、スイス国旗の配色を逆にした、白地に赤い十字がシンボルとなっている。この十字が「十字軍」を連想させるということから、イスラム圏ではイスラムのシンボルである月を用いた「赤新月社」になったり、中国では「中国紅十字会」※となったりするものの、どの国の赤十字社も目的は同じで「赤十字運動」に携わることだ。

ジュネーブに本部があるものの、各国の赤十字社を傘下に収めているわけではない。それぞれが独立して、同じ目的のために各国の組織が活動している。連携のために「赤十字・

※中国紅十字会
ちなみに中華民国（台湾）の組織は「中華民国紅十字会」と称しているが「中国を代表する唯一正統な政府」だと見なされていないため、正式承認を得られていない。

赤新月国際会議」という集まりが開催されており、これが事実上の最高意思決定機関とされている。

●負傷兵を救うために活動を開始

デュナンが赤十字社の設立を思い立ったのは、戦地に赴いた際に眼前で繰り広げられる近代戦争の凄惨さにショックを受けたからだ。彼はもともと医師でも慈善家でもなく、銀行家としてフランスのナポレオン3世※と商談するために、「イタリア独立戦争」の現場に来ていたのだ。

彼が目の当たりにしたのは、「ソルフェリーノの戦い」。特に衝撃を受けたのは、次から次へと運ばれてくる負傷兵と、彼らが満足に治療を受けられず放置され、もだえ苦しみ続ける姿だった。

デュナンはその光景を描写した『ソルフェリーノの思い出』という書籍を出版した。戦地の現実を知らせるだけではなく、負傷兵の待遇を改善させる狙いがあった。

これが赤十字社設立の契機になるのだが、さすがに銀

デュナンに衝撃を与えた「ソルフェリーノの戦い」の様子

※ナポレオン3世（1808〜1873）フランスの大統領、後に皇帝。ナポレオン・ボナパルトの甥にあたる。無謀な「普仏戦争」の結果、プロイセン軍の捕虜となり、おまけにパリでクーデターを起こされ釈放後はイギリスに亡命した。

赤十字社創立者アンリ・デュナン

行家だったデュナン、ただ啓蒙のために書籍を出版したわけではなく、賛同者を募ってスポンサードしてもらおうという目論見もあった。

　彼が惨状を目にしたのは１８５９年。早くも４年後には赤十字運動のスタート地点といえる「戦傷兵国際救済委員会」を発足させている。

　これが後に「赤十字国際委員会」へと発展するのだ。当初の組織名を見てもわかるように、その主眼は戦地で悲惨な立場に置かれている負傷兵の救済である。まさに近代戦争の悲惨さが赤十字社を生み出したのである。

　ちなみに、デュナンは「クリミア戦争」で活躍した看護婦フローレンス・ナイチンゲール※の献身的で博愛主義的な活動に共鳴していたというが、当のナイチンゲールは「無償の奉仕は長続きしない」と考えており、存命時に赤十字が発足したときには、その運営方針を否定している。

●日本では「赤十字」の名前ではなかった

日本に「赤十字運動」がもたらされたのは、最後の内乱「西南戦争」で国中が揺れてい

※フローレンス・ナイチンゲール（１８２０～１９１０）
イギリスの看護婦。「クリミア戦争」において、多くの看護婦を率いて傷病者の救護に尽力し〝クリミアの天使〟と呼ばれる。その後も病院や看護施設の創設・改善に携わり、看護婦の教育制度を整えた。

た1877年のこと。すでに当時の日本には「博愛主義」や看護の概念が流入していたから、泥沼化していた「西南戦争」で負傷兵が増大していることを危惧した人物が現れるのも、自然の成り行きであった。

最初に立ち上がったのは、明治維新までは殿様だった松平乗謨改め大給恒※と、佐賀藩出身の政治家で、閣僚経験もある佐野常民だった。彼らが中心となって、最前線の熊本にある熊本洋学校に「博愛社」が設立される。

赤十字運動と同じ発想で、敵味方の区別なく負傷兵を救護することを目的としていたが、当時は日本はおろか国際的にも「敵の負傷兵も味方と同じように面倒を見る」という概念がない時代であり、それが災いして官軍と旧士族双方から攻撃を受ける苦難もあったようだ。この組織が10年後の1887年、「日本赤十字社」と改名されて現在にいたる。

「第二次世界大戦」後の1952年には「日本赤十字法」が改めて制定され、厚生省（現・厚生労働省）が管轄する認可法人としての再出発を果たした。戦前に日本赤十字社を管轄していた組織は陸軍省と海軍省で、この点でも戦争との関係が深かったことがわかる。

ちなみに、戦後まもなく新生・日本赤十字社が手掛けた事業のひとつが「血液銀行」だ。ボランティアの献血を呼びかける献血カーは現在でもよく見かけるが、以前は「有償採血」つまり「売血」が法律で認められており、貧困者は自らの血を売って食いつなぐこともあったのである。

※大給恒
（おぎゅう　ゆずる）
（1839〜1910）
日本の大名。三河奥殿藩、信濃田野口藩の藩主。江戸幕府では老中まで務めた。明治維新後は伯爵となり、「日本赤十字社」の創設者のひとりとなった。旧名は松平乗謨（まつだいら　のりかた）。

INVENTION 30

【戦争が呼び争いの原因にも】

消費税

Sales tax

●四半世紀を越えた日本の消費税

「国債」の項でも紹介したように、世界に冠たる海洋帝国だった時代のイギリスは、増大する一方の戦費を賄う新たな財源として、国債だけではなく税金の項目を増やして、国庫収入の安定に腐心していた。そんな中で、発明された税の代表格が「消費税」である。

消費税は言うまでもなく、「国民の消費」に対して課せられる税金だ。

日本に導入されたのは1989年、竹下登内閣の下で3％の税率からスタートした。※それが1997年には橋本龍太郎内閣の下で5％へ、2014年には野田佳彦内閣で決定されていた8％へのアップが実現し、現代に至る。ゆくゆくは10％に引き上げられるのが既定路線であり、後はそのタイミングがいつなのか、ということが議論になっている。

同じような税金を徴収している国は数多くあり、日本はどちらかというと後発の部類に

※スタートした
当時は1円玉がたくさん必要になるとか、買い物するたびに小銭が増えて財布がパンパンになるなど非難ごうごうであった。

入る。総称して「付加価値税」と呼ばれることも多いが、名称は各国で独自に決めていて、ヨーロッパ諸国はおおむね20％前後である。ハンガリーは27％だ。

一方でアジアは10％台か一桁台後半という国が多い。日本の消費者が優遇されているように見えてしまうが、ほとんどの国では、食料品や生活必需品などについて、税率を低くするか無税にしている。

これが日本でもたびたび話題になっている「軽減税率※」方式だ。

つまり見かけ上は日本の消費税の方がずっと安いが、日本がすべての取引に対して消費税を課しているのに対し、ヨーロッパ諸国では生活必需品に課せられる税金は嗜好品などと比べてずっと安いため、最低限度の生活をする上では、税負担が少ないとされている。

消費税導入期の英国王チャールズ１世

日本では、江戸時代以前に商業・工業・漁業に従事する者に、「運上」、「冥加」という消費税の一種を課していたが、近代税制の導入以後に「消費税」という名前が登場するのは、１９７９年の大平正芳内閣時代だ。

それでは、消費者の生活と直結するため、現代でも関心が高い消費税と戦争がどのように関わっていたのか、解説しよう。

※軽減税率
日本で議論になっている軽減税率については、低所得者の負担軽減のために導入されるのに、結果的には消費が多い高所得者が大きく恩恵を受けるといった欠点を指摘する声も多い。

ピューリタン革命の帰趨を決定づけた「ネイズビーの戦い」

●イギリスで誕生し財源の主役に

「消費税」を導入した頃のイギリスは、国王から議会へ実権が移っていった時期で、財政の運営は専門性の高い官僚たちが行っていた。彼らに課せられた目標は、何といっても「軍事費の確保」だった。

イギリスは膨大な軍事費を投入することで国際競争力を維持している「軍事財政国家」だから、資金を枯渇させるわけにはいかなかったのだ。

資金調達のための方法は主に2つ。ひとつは「国債」の発行で、もうひとつが税金だった。国債の方は国民への借金だから、乱発するわけにはいかない。そこでチャールズ1世の時代に、消費税を導入して財政難を克服しようとした。

ところが、これに英国議会が反発し、国王の専制政治に反対するピューリタンのオリバー・クロムウェル※の「ピューリタン革命」を招いてしまった。国王は処刑され、クロムウェルが軍事独裁政治を敷いた。その後、彼があてにした財源もまた、消費税だったというから皮肉である。

※オリバー・クロムウェル（1599〜1658）イギリスの軍人、政治家。チャールズ1世に反旗を翻し「ピューリタン革命」を成功させる。王を処刑した後、軍事独裁政権を樹立。アイルランド、スコットランドを制圧したほか、オランダ海軍にも勝利し、海洋帝国イギリスの礎を作る。

結局、革命政権は頓挫し、王政復古期に入るのだが、この際に国王と議会の間で妥協が図られ消費税は存続した。その後も、なにかと消費税は引き上げの対象となり、1733年には当時の首相、ロバート・ウォルポール※が地租の削減・廃止と関税の引き下げの代わりに、消費税の大幅引き上げを図った。

しかし、生活苦にあえぐ民衆は強く反発しウォルポールは襲撃され、「引き上げに賛成する議員は襲われる」という噂が立つなど暴動が相次いだ。これを「消費税危機」と呼び、結局増税は頓挫している。「産業革命」以後には産業育成のために消費税を削減して関税に転嫁する方針が採用されている。

それでも、消費税の導入によってイギリスの財政は大きく潤った。導入後、半世紀ほど経った「九年戦争」時には税収70万ポンドと頼りない額だったものが、1世紀後の「アメリカ独立戦争」後には10倍近い額にまで上昇している。

その背景には当然、国民の税負担増がある。18世紀の初め、イギリス国民はフランス国民と比べて倍以上の税金を納めていたというデータがあるほどだ。当時の税収は、主に輸入品にかけられる「関税」と、一世帯当たりの炉の数に応じて累進課税されていた「炉税」という税金に、消費税を加えた三本柱だった。軍事国家の維持のために導入された消費税だったが、国民の生活と密着しているがゆえに、ときには国民との争いに繋がってしまうという、指導者にとっては〝諸刃の剣〟なのであった。

※ロバート・ウォルポール（1676～1745）イギリスの政治家。ホイッグ党の庶民院議員として、閣僚職を歴任した。1721年に第一大蔵卿に就任し、政治を取りしきった。消費税法案の不通過から求心力を落とし退陣した。

INVENTION 31

【あなたも絶対お世話になっている】

戦前日本の諸制度

Prewar Japanese system

●「シャウプ勧告」の誇大宣伝

私たちを取り巻く現代日本の諸制度のなかには、戦争をルーツに持つものが少なくない。

本項では、日本人が必ずといっていいほどお世話になる2つの制度を取り上げよう。

昭和前半期の日本の税制や金融制度を論じるとき、必ず重要なエポックとして取り上げられるのが、「シャウプ勧告」※だ。「第二次世界大戦」に敗れた日本を占領統治していたGHQ（連合国総司令部）による、日本経済の立て直しプロジェクトで、復興のために必要な税制改革などが盛り込まれている。

一般に、「この勧告のおかげで古い体質だった日本の経済にメスが入れられ、高度成長期の礎を築くことができた」ということになっている。ところが、画期的なはずのシャウプ勧告で提言された経済政策のなかには、すでに戦前の日本が着手していたものも含まれ

※シャウプ勧告
米国の経済学者シャウプを団長とする使節団が、2回に分けて連合国最高司令官ダグラス・マッカーサーに提出した日本の税制に関する報告書。「ドッジ・ライン」による日本経済の安定化と対応しており、恒久的な租税制度の確立を目指した。

ていた。

　分かりやすい例では「直間比率の是正」※である。直間比率とは税収全体に占める、所得税のような直接税と、酒税といった間接税の割合のことである。

　戦前の日本は、膨大な戦費を調達する手段として、考えつく限りの新税を導入した。その多くは間接税であり、この割合が大きく富裕層に有利な不公平税制になっている、とGHQは判断した。

　だから「間接税をどんどん廃止して所得税や法人税といった、収入応分の課税が可能な直接税の比率を上げなさい」と勧告されたのだ。

　しかし、日本で間接税の比率が大幅に増大したのは、日米開戦よりも後のことで、終戦時でも直接税が56％を占めていた。

　シャウプ勧告の時に、ドイツやフランスは間接税が6割を超えていたのだから、日本だけが勧告されるほど特殊だったわけではない。戦時に臨時に導入した税が廃止されるだけで、より正常な割合に近づいていたはずだ。

厚木に降り立ったＧＨＱのダグラス・マッカーサー

※直間比率
現在は国税の直間比率はおよそ直接税が6割、間接税が4割だ。地方税の場合は直接税が8割、間接税が2割という構成になっている。直接税は景気の影響を受けやすいため、近年は安定した間接税の比率が高まる傾向にある。

●不公平是正のために創設された「源泉徴収」

というのも、日本では1940年に税制が改正されていたのだ。

国税の体系を直接税を主とする体制に切り替え、法人税などを新たに導入することで公平性を高めようとしたのだった。

このとき登場した制度が「源泉徴収」である。

現代社会において、サラリーマンでも、筆者のようなフリーランスでもお世話になっている馴染み深い制度だ。収入から暫定的に一定の比率で所得税を先取りしてしまう制度だから、政府としては取りっぱぐれの心配がなく、国民の所得も把握できるから税務調査などにも好都合だ※。それにしても、75年もの歴史を持っていたとは驚く。

それもこれも戦争遂行のために、税収を確実にしたいがための国家の戦略だった。

実は当時の日本の税制と諸外国を比較してみると、直接税主体にシフトさせていた国は珍しい。「直間比率」が5：5だった国はアメリカとイギリスぐらいのもので、日本もこの税制改革によって英米のそれに近づいていたわけだ。

そのアメリカですら、1930年代後半は間接税が優位な状態で、日米開戦までの数年間でようやく、直接税の比率を上げていたところだった。その意味では、日本は国際的な潮流の先端を行っていた。だからこそ、終戦時でも直接税が56パーセントを占めており、数年もあれば勧告されるまでもなく、直間比率は英米並みに達していただろう。

※好都合
源泉徴収は、効果的かつ効率的な徴税手続を実現しているが、一方で納税者の〝納税実感〟を薄れさせ、市民の参政意識醸成を阻んでいるという指摘もある。

●「国民皆保険」の源流も戦前にあり

戦前の日本は税制のみならず行政改革も断行した。もちろん戦時体制の強化という目的があったのだが、結果的には世界に誇れる制度を生み出している。「国民皆保険」の源流となる「国民健康保険法」である。

よく日本との対比で引き合いに出されるアメリカは、「健康保険制度※」を国家として準備していない。国民は自由意志で、民間の保険会社が運営する健康保険に任意で加入しなければならない。

未加入の国民は、いざ病気や怪我になってしまったとき、その医療費を全額負担しなければならない。

しかも健康保険の掛け金も高額なケースが多く、主に貧困層を中心に医療を受けたくても受けられない「医療難民」があふれかえっているのだ。

例えば、懐具合に余裕がない工場労働者が、仕事中に誤って手指を数本、切断してしまったとする。保険が使えたり、未加入でも裕福であれば、金に糸目を付けずすべての手指を縫合してもらうだろう。

しかし、貧困ゆえに医療費がままならないとなると、

※医療保険制度の改革に「反対」するアメリカ人の集会

※健康保険制度
アメリカのバラク・オバマ大統領は、健康保険制度の改革を目指し「オバマケア」を打ち出したが、国民からは反対の声も多い。

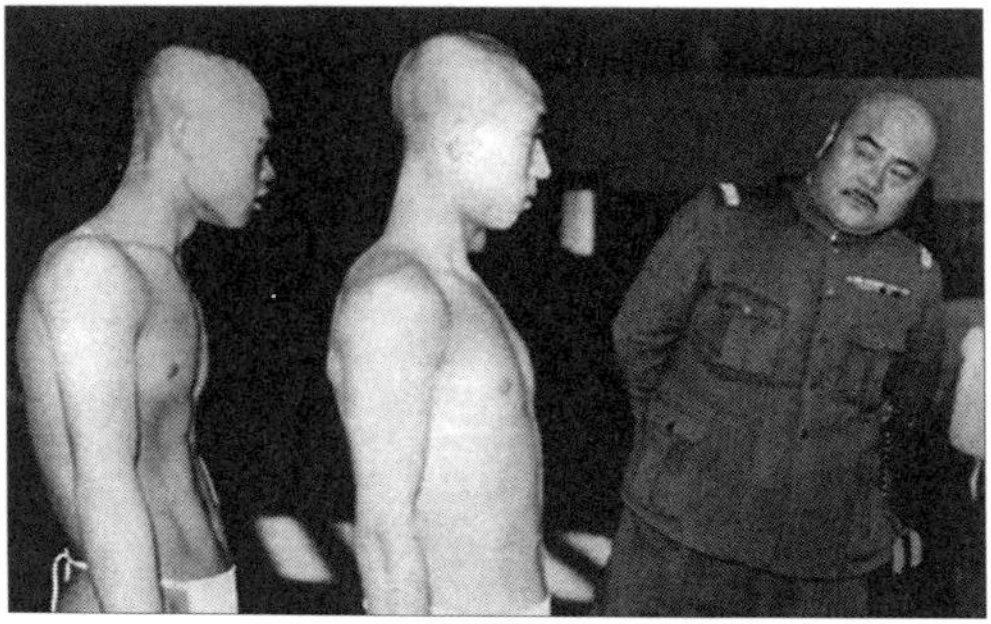

戦前の徴兵検査で体を吟味される日本人の若者

例えば指1本は縫合するが残りは放置する、あるいは治療そのものを諦める、というケースも出てくる。

一方で日本は、建前としては国民全員が健康保険に加入しているから、医療費の全額負担ということにはならない。大半の国民は3割負担が原則となっている。

いかにも戦後の民主化が進んで整備された制度のようだが、これが実施されたのは先述した「源泉徴収」よりさらに古い1938年のこと。

この年、現在の厚生労働省に連なる「厚生省※」が創立されているのだが、その目的は「頑健な人的資源の確保」にあった。

つまり、「戦争に参加できる健康な国民の育成」ということだ。人間は工業製品ではないから、一朝一夕に戦争による喪失を補てんできるものでもない。だから国民の健康維持は、戦争遂行に欠かせない命題だったのだ。

「国民健康保険法」が目標として定めたのは、健康被害や事故の危険が高いと思われる農民や漁民、労働者などの救済だ。さすがに最初から「国民全員」とはいかなかったが、それでも自己負担率は現在と同じ3割だったから、加入者にとっては大きな魅力に映ったこ

※厚生省
日本の行政機関のひとつ。社会福祉、社会保障および公衆衛生の向上・増進を図ることを任務とした国の行政機関。国民の保健、薬事だけではなく麻薬や大麻の取り締まりも行う。

とだろう。

もちろん、政府として国民に温情をかけただけではない。保険金は国庫に入ってくるから、安定した財源を確保できるという思惑もあった。その使い道は、もちろん増大の一途をたどる軍事費だ。

ここまで書くと察しが付くと思うが、制度の策定を主導していたのは軍部である。ところが当時、この制度は財界や実業界から大きな反発を受けた。人材を雇用すればしただけ、保険料の負担を強いられるのだから、コストの増大と見られたのだ。また、制度創設に当たって医療費の体系そのものも見直されたため、医師会も猛反発した。

これを突っぱねてみせたのは、またしても軍部である。

というのも、軍に所属する兵隊の多くは、農家※の次男坊や三男坊であり、家族の期待を背負った若者が多かった。いわずもがな、彼らのほとんどは貧しい家庭に生まれ育っている。だから、自分たちも自分たちの故郷も家族も救済できるこの新制度を、絶対に成立させるという気概が軍にあったわけである。

※農家
軍隊は食事の支給だけでなく、現金収入が得られるということで農家の次男坊、三男坊にとっては職場としても魅力的なものだった。

INVENTION 32

【協調への試行錯誤】国際連合

United Nations

●「国際協調」の歴史は意外と浅かった

2015年10月に創設から丸70年という節目を迎えた「国際連合」。その役割は時代とともに変化を続けているが、この世界で最も巨大な政治組織は、言うまでもなく国際紛争が生んだシステムだ。

戦争は時代を経るに従って複雑化してきたが、その特徴のひとつは当事国の増加だ。古代の有名な大戦争、例えばアレクサンダー大王※による東征や「ペロポネソス戦争」にしろ、国家単位で見れば一対一の〝タイマン〟がほとんどだった。強国に従属する国が強制的に支援を求められて参戦したり、同盟国が介入することもあったが、図式としては単純なものだった。

ところが中世からは、利害関係が複雑に絡み、参戦国が増えていく。どこかの国で王位

※アレクサンダー大王（紀元前356～紀元前323）
古代マケドニアの王。空前の大遠征「東征」によって、大帝国を築き、「ヘレニズム時代」を開いた。東征では小アジアを皮切りにエジプトを平定、ペルシャ帝国を滅ぼしインドまで進出した。

継承にまつわる揉め事があれば、次期国王候補たちと縁戚関係にある他国の王が口出ししてきたり、候補そのものを擁立して介入することもあった。

世界史の教科書に載るような中世ヨーロッパの戦争は、ほとんどが王位継承をめぐる国家間の駆け引きだったといっても過言ではない。英仏間で争われた「百年戦争※」しかり、グレートブリテン島を揺るがせた「バラ戦争」しかり。

「ウィーン体制」を話し合う「ウィーン会議」の様子

こうして利害関係が複雑に絡み合う国際紛争が続くと、さすがに「国際協調」を目指す者も現れ始める。

●「ウィーン体制」がすべてのはじまり

ヨーロッパ全土を巻き込んだ本格的な「国際協調」の舞台が初めて成立したのは、「フランス革命」の脅威から生まれた「ウィーン体制」だった。

列強各国は利害を調整しながら「コンサート・オブ・ヨーロッパ」と呼ばれる共同歩調を取ろうとした。

幸運だったのは、ヨーロッパのほぼ全域がキリスト教圏だったことと、何世代にも及ぶ政略結婚の結果として、各国を統治する王家同士が深い縁戚関係にあったこと。

※百年戦争
1337年から始まった、イギリスとフランスの長期戦争。領土問題だけではなく、王位継承問題も絡んでいる。「百年」というが、休戦を挟んで1453年まで続いたので、100年以上戦っている。

19世紀前半の「五大国」といえばイギリス、フランス、プロイセン、オーストリア、ロシアだったが、これらの国が主導的に協調姿勢を取ることでバランスを保とうとしたのだ。主導したのは、オーストリアの政治家クレメンス・フォン・メッテルニヒ。

ところが、各地で革命が勃発したうえに、列強各国が世界各地に植民地を求める「帝国主義」に支配されるようになると、どの国もどの王家も膨張政策をとりはじめ、体制は崩壊に向かっていく。

●「国際連盟」発足へ

そして19世紀後半には、アメリカに続いて東洋の辺境国、日本も大国として台頭。プロイセンは統一されてドイツになり、オーストリアは自滅、20世紀初頭には「日露戦争」によってロシアも衰退に向かうなど、もはや「五大国」の話し合いだけで済む話ではなくなっていた。

代わりにヨーロッパをまとめ上げたのは、19世紀を代表するドイツの政治家〝鉄血宰相〟ことオットー・フォン・ビスマルク※であった。彼は世界最強と目された陸軍力を背景として、自らの卓越した外交手腕で「ビスマルク体制」と呼ばれる均衡状態を作り出した。これといった調停機関がなかったのにもかかわらず、19世紀最後の15年は、ヨーロッパにほとんど戦火が存在しなかったのだ。

※オットー・フォン・ビスマルク（1815〜1898）プロイセン、ドイツの宰相。オーストリア中心のドイツ統一を目指す「大ドイツ主義」や、プロイセン主導のドイツ統一を掲げ、実現した。宰相就任時にドイツ統一について「この問題は演説や多数決によってではなく、鉄（軍備）と血（戦争）によってのみ解決される」という演説を行った事から〝鉄血宰相〟とあだ名された。

※「国際連盟」本部が置かれたスイスの「パレ・デ・ナシオン」

ただ、ここに至るまでずっと、戦勝国や軍事大国が自国に有利な情勢を作り出したり、腕利きの政治家を擁する国が主導的立場に就くといった仕組みが多く、ちょっとした状況の変化で協調体制が崩れてしまうリスクが付き纏っていた。

国際政治学のパイオニアであるハンス・モーゲンソーは『国際政治』で「国際政治は権力闘争」と喝破しているし、ドイツの哲学者イマヌエル・カントも「力の均衡による恒久的な平和など妄想に過ぎない」と断じている。

こうした危うい力の均衡に終止符を打つべく、「第一次世界大戦」後に提唱されたのが「国際連盟」である。

アメリカのウッドロウ・ウィルソン大統領が音頭を取り、すべての列強国による協調体制の確立を目指すという空前絶後の計画であった。

もともとウィルソンがアメリカ議会で提唱した、国際連盟の設立を含む「14カ条の原則※」によれば、大戦の敗戦国ドイツに過酷な仕打ちを課すつもりはなかった。

ところが戦乱に巻き込まれたイギリスや、同じく戦勝国であり、ドイツに「晋仏戦争」の借りがあったフランスの意向もあって、締結された「ベルサイユ条約」では

※14カ条の原則
「秘密外交の廃止」、「海洋の自由」、「経済障壁の撤廃」、「軍備の縮小」、「植民地問題の公正解決」、「ロシアの回復」、「ベルギーの回復」、「フランス領の回復」、「イタリア国境の調整」、「オーストリア＝ハンガリー帝国の自治」、「バルカン諸国の回復」、「トルコ少数民族の保護」、「ポーランドの独立」、「国際平和機構の設立」で構成されている。

ドイツは1320億マルクという多額の賠償金をはじめとした〝懲罰〟を受けることになった。ところが、その苛烈さはやがてドイツのナショナリズムを過剰に煽り、アドルフ・ヒトラーの台頭を招いたのだった。

こうして発足した国際連盟だったが、言い出しっぺのアメリカは国内事情もあって早々に手を引いてしまい、なんとも締まらない船出となった。システムも参加国の配慮に依存しており、揉め事が起きた際に有効な調停手段を持たなかった。

だから、日本の松岡洋右※外務大臣による「国際連盟脱退事件」が象徴するように、「第二次世界大戦」前には、自国の主張が容れられなければ、さっさと脱退してしまう国も続出した。乱暴な言い方をしてしまえば、国際連盟は参加国が多いだけで、近代初期にヨーロッパ列強が模索していた国際協調の図式と大差がない、いわば時代遅れな機構だったといえるだろう。

また平等とバランスを重んじるあまり、大国の存在感を打ち消す方向で運営されていた。〝重石〟が足りなかったのだ。そういった失敗を糧に、戦後になって発足したのが「国際連合」である。「安全保障理事会」常任理事国に権力が集中しているとの批判がよく聞かれるが、国際連盟の反省を踏まえての構造でもあるのだ。

※松岡洋右
（1880～1946）日本の外交官、政治家。17年にわたり外交官を務めたのち、満鉄副総裁、衆議院議員。国際連盟総会の首席全権となり満州国否認の採択に抗議し退場した。近衛文麿内閣では外務大臣として「日独伊三国同盟」、「日ソ不可侵条約」を締結。終戦後A級戦犯とされ裁判中に病死した。

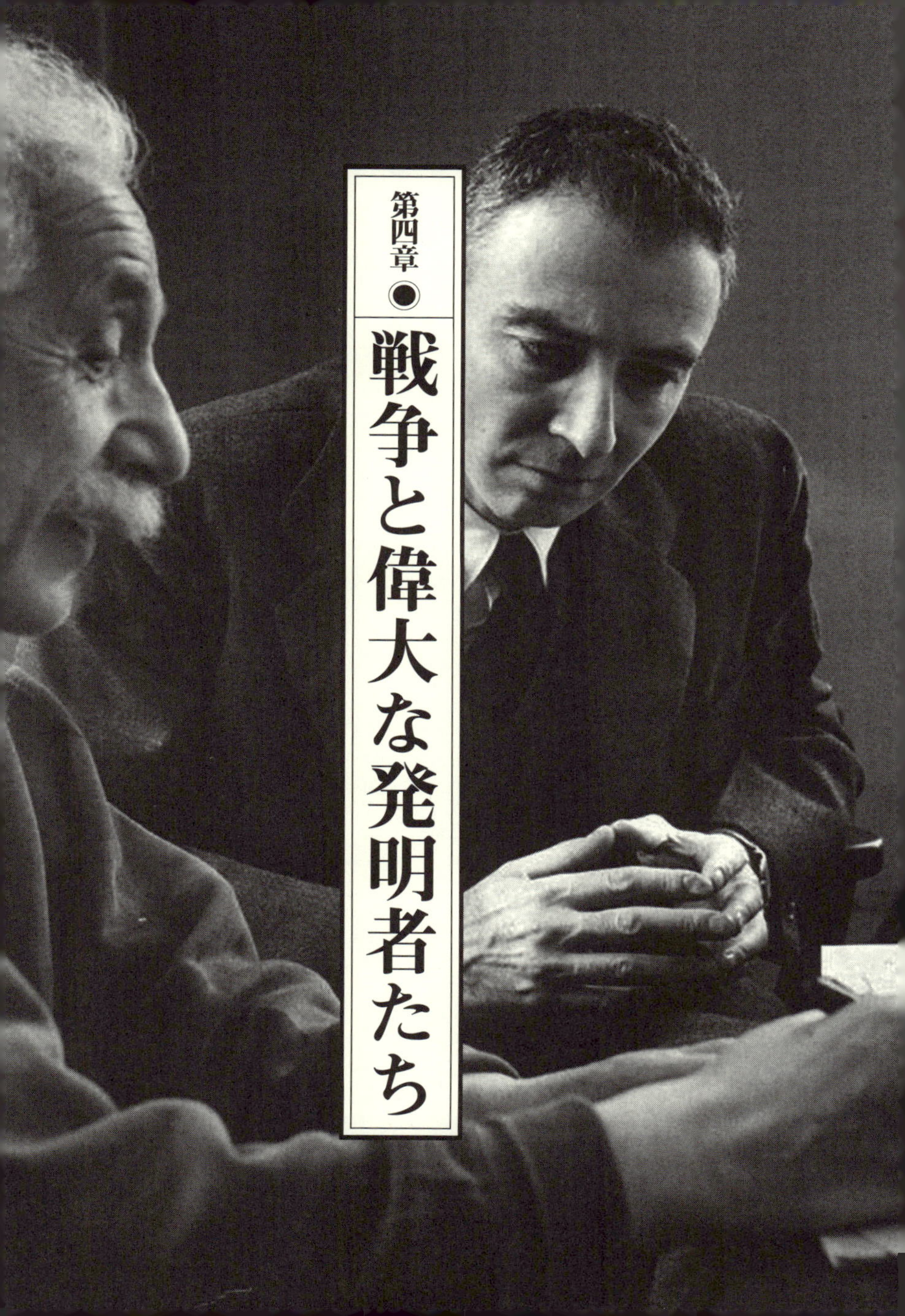

第四章 ● 戦争と偉大な発明者たち

INVENTOR 1

【「軍隊」の発明者】

ガイウス・マリウス

Gaius Marius

●2000年前に完成させていたシステム

ここでは、現代に続く軍事制度を発明した人物として、古代ローマ時代の軍人、ガイウス・マリウスを取り上げたい。

平民出身の彼が主導した改革によって誕生したのが「職業軍人」である。

現在の軍人は、国家から報酬を支給され、装備品なども個人的に金銭を負担せずとも貸与・供与される。また多くの場合、軍隊に入営する期間が決められていて、軍属に就いた経験があれば、期間や階級に応じて軍人向けの年金を受給できる。

また、入隊方法としては、現在では少なくなった徴兵制や、スイスに代表される「国民皆兵制度」※のほかに、日本の自衛隊のように募集に応じて自ら入隊する志願兵制度もある。

軍隊は厳密な階級制度によって統制されており、基本的に直属の上司の指示を受けて動

※国民皆兵制度
さしものスイスも2013年には「徴兵制をこのまま存続させるのか、やめるのか」という国民投票が実施されたが、圧倒的多数で存続が決まった。

く。小隊、中隊、大隊と部隊の単位が定められ、階級や肩書によって、指揮が可能な人数は概ね決まっていて、階級が上の者ほど大勢の兵員を抱えることになる。

以上が、現代の軍隊が共通して持つ特徴である。

実は、こうした現代では当たり前となっている制度の数々は、すべて古代ローマ時代に生きたマリウスが世に送り出したものなのだ。２０００年もの時を経ても、色褪せるどころか、グローバルスタンダードとして存続しているのだ。

●叩き上げで軍事の天才

マリウスは、ローマの氏族の中でもまったくの無名の家に生まれた。

ガリウス・マリウス

ローマが「ケルティベリア戦争」を戦った際に、兵士として志願すると、戦場で類まれな武勇を発揮し、司令官だったスキピオ・アエミリアヌス※に見い出される。

叩き上げの軍人として各地を転戦し、功績を積み重ねる中で、生い立ちもあってか、前線の兵士や民衆から支持を集めるようになり、紀元前１０８年に事実上の国家元首である執政官に立候

※スキピオ・アエミリアヌス（紀元前１８５～紀元前１２９年）
ローマの軍人、政治家。「第二次ポエニ戦争」で活躍したスキピオ・アフリカヌス（大スキピオ）と区別して小スキピオとも称される。カルタゴを陥落させた功績で知られ、炎上するカルタゴを見つめ「ローマもいつか滅びる日が来るのであろうか」と嘆いたという。

補し、当選する。そしてマリウスは、当時弱体化が進んでいたローマ軍を立て直すため、軍制の大改革に乗り出すことになる。

当時のローマでは、市民権を持つ市民がその義務として兵役を課せられていた。徴兵されるのは、一定以上の財産を持つ者だけである。そしてその財産に応じて、振り分けられた階級に配属され、必要な武具は自分の持ち出しで購入しなければならなかった。

これで精強な軍を維持するのは至難の業だ。

思案したマリウスは打開策として、徴兵制から志願制に一気にシステムを切り替えた。そして志願者には国家が報酬を支給することとし、25年という従軍期間の制限を設けた。さらに退役兵への土地供与と司令官による元部下への恩給支給（士官や下士官は増額した）を定め、指揮権を持たされる兵員数の上限設定を撤廃した。

つまり、マリウスは、これまで財産を持たないために兵役の対象外となっていた貧困層出身者を、常備軍として組織※しようとしたのだ。これには、マリウス自身が貧しい家庭に生まれ育ったことも影響しているだろう。

さらに、こうして集まった志願兵たちを徹底して規格化した。つまり、皆一様に国家から同じ装備品を支給されたのである。前後左右を見渡しても、自分と同じ兵装に身を包んだ兵士がいる。これは全体の行動を統制するときに大いに有効だ。

これまでは、自腹で購入した武器を持ち寄っていたから、槍の長さも盾の大きさもまち

※常備軍として組織
貧困層出身者を兵士として雇うことも救済となった。困窮した中小農民を兵役から解放して生活面の不安を解消させた。ただ、それまでの兵は財産を持っていたため、国を守ることによって自身の財産を守るという側面があったが、そうした面は薄らいでいった。

まちで、同じひとつの指示でも遂行できる部隊とそうでない部隊がいたのだ。

一連の改革によって、兵士であることを職業とする「プロの軍人」が誕生した。

これは日本の戦国時代における大名の手法※にも通じるが、戦うことに一意専心できる常備軍がいることは、軍事的に大きなアドバンテージとなる。

また常備軍だから、「農作物の刈り入れ時なので実家に帰ります」と言い出す心配もない。

出兵計画を考えるうえで、季節を気にする必要がなくなるし、それまでは不可能だった長期にわたる遠征もできれば、長時間を要する攻囲戦も補給が可能な限り続けることができる。

軍制改革の威力を見せつけた「アクアエ・セクスティアエの戦い」

●最小単位を定めて戦争を変えた

マリウスはさらに細かく軍制を整えた。

現代の軍団に相当する「レギオ」は軍団旗を掲げ、信頼できる同盟先の兵員のみが、軽装歩兵や軽装騎兵になる資格があるとした。軽装歩兵（弓兵・投石器兵）と軽装騎兵は同盟国・同盟部族からの援軍（アウクシリア）で構成することにした。

※大名の手法
常備軍の創設は織田信長の功績とされることが多いが、大勢力の戦国大名はどこでも進めていることであった。手法としては、城下町に家臣とその家族を集めて土地を切り離す、流れ者を傭兵として雇って常備軍とする、などなど。

マリウスが勝利を収めた「第二次ポエニ戦争」の「ザマの戦い」

また、現代の「小隊」に相当する「コントゥベルニウム」が10個集まることで、「中隊」に相当する「ケントゥリア」を構成し、されにこれが6個集まることで「大隊」に相当する「コホルス」となるようにした。

さらにこれが10個集まることで、「レギオ」とした。

1コントゥベリウムあたり8人が配属されたから、ひとつの軍団が４８００人で構成されていたことになる。

この最小単位の8人は共同生活※が義務付けられ、連帯意識の向上が図られた。そして行軍の際は、各自が自分の装備品を携行することとして、足が遅くなりがちな輸送部隊の負担を減らした。

これらの制度は、集団で事にあたるという兵士にとって必要な資質を育て、長距離移動を前提とした装備での訓練を実現させた。結果、輸送部隊の負担が減って、行軍スピードは格段にアップしたことになる。

●実は「帝政ローマ」の生みの親

こうしてローマは、世界に冠たる「ローマ帝国」への脱皮の準備を整えたのだ。

※共同生活
それまでの結びつきは民会や選挙区を中心としてきたが、軍団の間でのつながりが強化されていった。

マリウスによる軍制改革の効果は、「第二次ポエニ戦争」における「ザマの戦い」でさっそく発揮され、大勝利を収めた。軍人として名声を博したマリウスは、次第に自分を慕う兵隊たちを「私兵」として操り、権力を身に纏うようになっていく。

圧倒的な功績から政治的な発言力も増し、マリウスの死後は彼の副官を務めたルキウス・コルネリウス・スッラなどが実権を握っていく。

やがてその流れは、不世出の英雄ユリウス・カエサル※の出現へと連なっていくのだ。

そして古代ローマは、「共和制」から「帝政」へと移行し、世界帝国としての地歩を固めていくのだが、その契機を作ったカエサルは、マリウスと血の繋がりこそないものの、その甥にあたる人物である。マリウスの妻ユリア・カエサリアはカエサルの伯母にあたる。カエサルが駆け出しの政治家だった時期に、存命だったマリウスは、彼の政権基盤確立にも寄与していたのだ。

つまりマリウスは、現代に通じる軍制だけではなく、帝政ローマの生みの親、とも表現できるのだ。

※ユリウス・カエサル（紀元前100〜紀元前44年）
ローマの軍人、政治家。ガリアを平定してギリシャ・ローマ文化をヨーロッパ内陸部に広める基礎を築いた。内乱に勝利したことによって、世界帝国を視野に入れた改革を行ったが、伝統を破るものとされて暗殺されてしまった。

INVENTOR 2

【近代の幕を開けた天才】ナポレオン

Napoléon Bonaparte

●若き日のナポレオン

すでに、本書で何度もその名が登場しているナポレオン・ボナパルト。

改めて記すまでもないが、彼は軍事に限らず、さまざまな〝発明〟を世に送り出した不世出の天才である。ここまでお読み頂いた読者なら、「ナポレオンがヨーロッパの近代への扉を開いた」という評価に異論はないだろう。

１７６９年、地中海のコルシカ島※で生まれたナポレオンは、父の計らいで教育を受けるためにフランスに移住する。１７８５年にはフランスで砲兵士官となっているが、その4年後に「フランス革命」が勃発する。

彼自身は「故郷コルシカが一番」という民族主義者で、革命に関心が薄かったようだが、革命後の混乱がナポレオンに活躍の舞台を用意した。帰省ばかりしていたナポレオンだが、

※コルシカ島
地中海の西部、イタリア半島の西に位置するフランス領の島。面積は広島県と同程度で、地中海では4番目に大きい島。著名な出身者はやっぱりナポレオン。

軍に戻ると大尉に昇進。参加していた王党派との戦い「トゥーロン攻囲戦」にて、前任者の負傷というアクシデントを受けて砲兵司令官となり少佐になる。そして生粋の軍人ではなく、作戦に疎い将軍に率いられて苦戦していた戦場で、ナポレオンが助け舟を出す形で提案した作戦が採用されて大成功を収める。高台を奪取して砲台を据え、敵艦隊を狙い撃ちにするという的確な戦術※だった。

こうして24歳という若さで旅団陸将に昇進し、一躍若き英雄としてもてはやされる存在となった。

ところが、革命政府を率いていたマクシミリアン・ロベスピエールの弟と知人だったことから、失脚したロベスピエールの処刑に伴って逮捕される憂き目に遭う。降格処分も食らい、転属を拒否したところ予備役に回されてしまった。

ナポレオン・ボナパルト

しかし、天はナポレオンを見放さなかった。

再び王党派が蜂起したときのフランス軍の司令官が、トゥーロンでナポレオンの活躍に接していた人物だったのだ。

困り果てた司令官は、ナポレオンを呼び戻して作戦を一任する。彼は市街戦にもかかわらず、大

※的確な戦術
後に「日露戦争」の二〇三高地争奪戦で、日本軍が旅順要塞攻略のために実施した作戦に酷似している。

砲で散弾を派手にぶっ放すという奇想天外な手法※で反乱を一気に鎮圧してしまった。

こういった例を見るだけでも、ナポレオンは非常識な手段をいとわず、的確に目標にたどりつく、まさに数々の発明を呼び込む資質に長けていたことがわかる。

●今もなお世界に息づく

ほかにも、ナポレオンは砲兵や騎兵に歩兵といった、それまでは個別に運用されていた兵種を一体で運用する「三兵戦術」に、国民軍の創設、指揮官の養成など革命的な軍制改革をおこなっている。また、彼の兵站を重視する姿勢が、「携行保存食」の発明を生んだのは、第二章で紹介した通りだ。

ナポレオンが起こした軍事革命は、やがてドイツのカール・フォン・クラウゼヴィッツが『戦争論』として体系化し、現在にいたるまで世界中の軍事思想に影響を与えている。

彼が、今もなお世界に影響を与えているのは、軍事の分野だけではない。

驚くことに、彼が制定した「ナポレオン法典」は、現行法としてフランスで現役である。「法の下の平等」や「信教の自由」などが掲げられ、「著作権」の規定なども盛り込まれた近代的法典の基礎といわれる内容であり、日本の民法にも影響を及ぼしている。

ナポレオンが占領支配したヨーロッパの各地には、こうした〝フランス式〟が移植され、「農奴制」をはじめとする旧態依然とした社会制度が撤廃されていった。おかげで、ナポレオ

※奇想天外な手法
これも、日本の「戊辰戦争」の際、上野寛永寺に立て籠もる旧幕府軍に対して、陸上に運んだ最新鋭の対艦砲を水平撃ちして鎮圧した新政府軍の手法と似ている。

ンが去った後に、その領土となっていた地域は近代化を進めることが可能になったという見方もある。結果的に第三章で指摘したように「ナショナリズム」の威力を示してもいる。

●幕末の日本にも影響を与えた

ナポレオンは、日本にも意外なところで影響を与えている。

彼がヨーロッパを蹂躙している頃、江戸幕府の上層部はその活躍を、オランダからの海外事情報告書「オランダ風説書」で把握していた。おかげで〝英雄・ナポレオン〟への憧憬の念が幕閣内で育まれる。

そして、時を経た幕末期には、ナポレオンの甥のナポレオン三世の統治期だったことから、自然と幕府はフランスびいきになり、フランス式の軍制を積極的に取り入れた。そこにやってきたのがアジア進出を狙うイギリスであり、薩摩・長州藩に近付いた。

期せずして、「戊辰戦争」はフランスとイギリスの代理戦争のような様相を呈したのだ。

ちなみに※、ナポレオンは「余の辞書に不可能の文字はない」という名言を残したとされるが、もともと発した言葉は「不可能という言葉はフランス語的ではない」とか、「フランス人は不可能という言葉を口にしてはいけない」というような意味合いだったらしい。

いずれにしろ、その生涯が不可能を可能にし続けた51年間であったことに、異論を唱える者はいないだろう。

※ちなみに
また俗説として「ナポレオンは低身長コンプレックスに悩まされていた」というものもあるが、これは少し違う。彼の推定身長は１６７センチメートルで、当時のフランスでも背が高いほうだった。ところが、彼の周囲を固める将軍たちが軒並みノッポで、中には２メートル近い巨人もいたから、ナポレオンが相対的に小さく見えてしまったのだ。

INVENTOR 3

【人類に翼を与えた２人】ライト兄弟
Wright Brothers

●キッカケは「英雄の死」

飛行機の発明者として歴史に名を残している※兄・ウィルバーと、弟・オーヴィルのライト兄弟。２人は５人兄弟の三男と四男で４歳違いだった。幼少期には、いつも仲良く連れ立って遊んでいたことだろう。

彼らが11歳と７歳のとき、後の偉業を予感させるような出来事があった。

ある日、父・ミルトンが出張から帰ってきて、お土産で２人にゴム動力で飛んでいく竹トンボのような玩具を与えたのだ。兄弟は大喜びして夢中で遊んだのだが、ほどなくして壊れてしまった。

普通なら泣いて終わりなのだが、この兄弟が凄いのは壊れた玩具を観察して、自己流で新たに複製品を作ってしまったのだ。

※歴史に名を残している　ライト兄弟が飛行機の発明者として名を残すまでには紆余曲折があった。航空会社を経営するグレン・カーチスなど、兄弟のパイオニアとしての地位を否定しようとする輩が山ほど現れ、２人を苦しめた。

やがて社会人になった2人は「空を飛ぶ」ことに大きな興味を抱くようになる。その頃、ドイツではすでにオットー・リリエンタール※がグライダーを使っての有人飛行に成功していた。彼は兄弟にとってヒーローのような存在だったのかもしれないが、1896年の飛行試験中に墜落死してしまう。

ショックを受けた兄弟は、滑空するだけではなく、動力で自発的に飛べる道具を作りたいと考えるようになった。そして出会った1冊の本が、彼らを成功へと導く鍵になった。

それは、土木建築技術者のオクターヴ・シャヌートが著した、飛行機に関する専門書だった。兄弟はただちに著者と連絡を取り、意見交換をするようになった。

そして1900年。

兄弟は、シャヌートの協力を得て導き出した技術理論が正しいか、実験によって確かめようとした。まずは無人のグライダーからだ。

そこで新たな問題点が次々と浮かび上がってくる。「風洞実験」を駆使し、翼の形状、方向舵など新たなアイディアをひねり出す。試行錯誤は3年近くも続いた。

ウィルバー・ライト（左）と弟のオーヴィル・ライト（右）

※オットー・リリエンタール（1848〜1896）
プロイセンの設計技師。飛行機の空気力学的な性能を高めるためとして、生涯にグライダーで2000回以上もテスト飛行を行った。研究の甲斐あって、安定性と操縦性が向上したが、テスト飛行中に突風に煽られ地面に激突し死亡した。

世界初の飛行に成功した本格的な航空機「ライトフライヤー号」

●最初の記録は12秒で39メートル

１９０３年12月17日。後世に「ライトフライヤー号」として伝わる、４気筒12馬力のエンジンを動力とする有人飛行機は、ついに空へと飛び立った。

操縦者は弟オーヴィル。飛行時間わずか12秒、飛行距離は39メートルだった。現代人の感覚からすれば拍子抜けする数字だが、これが現在の航空機へと続く偉大な第一歩※であった。

なおも試験は継続され、４回目には59秒の滞空時間で２６０メートルを飛んで見せた。

●「アメリカ空軍の父」でもあった

約10年後の１９１４年に勃発した「第一次世界大戦」では、早くも航空機が兵器として大活躍している。つまり人類は、発明から10年足らずという短い期間で、飛行機にとんでもなく高いレベルでの実用性を与えたのだ。

「飛行機の発明」ばかりがクローズアップされるが、この軍用機としての飛行機が誕生した陰にも、ライト兄弟の姿があった。現代における最強の空軍であるアメリカ空軍の創設

※偉大な第一歩
写真は兄弟に撮影を頼まれた観客のひとりで地元の海難救助所員のジョン・ダニエルズが撮影した。

にも一役買っており、飛行機だけではなく、「アメリカ空軍の父」でもあったのだ。

1907年、アメリカ陸軍通信隊司令官だったジェームズ・アレン准将は、兄弟の実験成功を受けて、飛行機の可能性を探る意図で、「航空部」を通信隊内に新設していた。アメリカは伝統的に「空の戦い」に並々ならぬ探究心を見せていた国で、飛行機の発明から遡ること150年も昔の「南北戦争」において、北軍が気球による偵察を行っている。

1908年、陸軍はライト兄弟に新型飛行機の開発を依頼する。

軍が要求した仕様は、2人乗りで最高速度は65キロ、航続距離が200キロというもので、最高時速については基準値への上乗せがあるごとにボーナスが支払われるというインセンティブが付いていた。また、パイロットへの飛行訓練も条件に含まれていた。

翌年に兄弟は、陸軍仕様に改良した「ライトフライヤー・モデルB※」を開発する。当時はまだ手作りで、注文を受けても大量生産は不可能だった。

アメリカ軍は新型機が納品されると、さっそくメリーランド州に飛行学校を設立し、2名の学生にライト兄弟直々の指導をお願いしている。つまり、設立当初のアメリカ空軍は、飛行機の生産はおろか、操縦訓練から飛行機に関する知識の伝授まで、ライト兄弟の世話になっていたわけだ。

しかし1912年、経営面を全面的にカバーしていた兄・ウィルバーが急死してしまう。当時の医師の診断によると、死因はマラリアだった。

※モデルB
飛躍的に実用性が増したモデルであり、本格的な量産に耐えた。カタパルトの力を借りずに離陸可能である。一機5000ドル。

アメリカ軍がオーヴィルに改良を依頼した「ＤＨ―４」

兄と違って職人気質だったオーヴィルは、その後もなんとか会社を存続させていたが、結局１９１５年には会社を売却してしまった。

巨額の資産を築き上げていたオーヴィルだったが、開発の現場から退くことなく、友人たちと新会社「デイトン・ライト社※」を立ち上げている。

アメリカ軍のオーヴィルへの信頼は厚かったようで、この会社は「第一次世界大戦」がはじまると、アメリカ軍から４０００機の軍用機を受注している。

●〝燃える棺桶〟と不遇の晩年

しかし、飛行機の技術はまさしく日進月歩で、各国各社が壮絶な競争を繰り広げていた時代だ。オーヴィルが任されたのも新型機ではなく、イギリス製の「ＤＨ―４」の改良機開発であった。アメリカ軍に渡された見本をもとに、新たに機体を開発した「デイトン・ライト社」だったが、この設計には重大な欠陥があった。

なんとエンジンが爆発しやすい構造だったのだ。オーヴィル自らが宣伝に努めたものの、マスコミを集めたデモ飛行では世界初の飛行機事故、それも死亡事故を起こして醜態を晒

※デイトン・ライト社
欧州戦線向けに４０００機の軍用機を受注した後は、各種の飛行機を少数開発・生産した後、ゼネラル・モーターズに併合された。

した。仕様書に書かれた性能こそ抜群だったが、まさに机上の空論でしかなかったのだ。兵士たちはデイトン・ライト社の新型機に〝燃える棺桶〟というニックネームを付けた。ただし、デイトン・ライト社製の新型水冷エンジンは評価が高かった。大量生産向きの構造もあって、アメリカ軍は「DH—4」を輸入して、エンジンだけをデイトン・ライト社製のものに換装して使っていた。

オーヴィルは、こうして軍用機産業の表舞台に立ち続けることが難しくなっただけではなく、後半生ではさまざまなトラブルに見舞われた。

飛行機製造技術に関する特許問題で裁判を起こされたり、「ライトフライヤー号」はスミソニアン博物館※に展示されて然るべきなのに、関係者のジェラシーから無視された。代わりにオーヴィルに実機の展示を依頼してきたのは、ロンドンの科学博物館だ。「ライトフライヤー号」がアメリカに〝帰郷〟したのは、スミソニアン博物館がようやく兄弟の業績を認めた1942年のことだった。

兄弟の夢が詰まった機体は、ワシントン国立博物館に展示される運びとなる。その除幕式は、2人が実験に成功した日から45年目のメモリアルデーにあたる、1948年12月17日。しかし、そこには、すでに同年の1月に鬼籍に入ってしまったオーヴィルの姿はなかったのだった。

※スミソニアン博物館　1848年にイギリス人科学者ジェームズ・スミソンが「知識の向上と普及に」と、委託した遺産を基金に作られた博物館群。運営は税金と寄付・寄贈などでまかなわれているため、入場料は無料である。

INVENTOR 4

【「神の意思」が生んだ殺戮兵器】

リチャード・ガトリング

Richard Gatling

●アメリカで開発が進められてきた機関銃

大量殺戮兵器の嚆矢といえる「機関銃※」の登場は戦争の風景を一変させた。これは世界第二位の工業大国に躍り出ていたアメリカで1860年まで開発が進められ、翌年の内乱「南北戦争」で「ガトリング砲」として、実用に耐えうるモデルがデビューする。以降、機関銃の進歩はアメリカを舞台にして、世界に影響を与え続けている。

当時のアメリカで機関銃が熱心に開発されたのは、深刻な人手不足も関係している。博物学者ジョン・エリスは『機関銃の社会史』において、「人手不足のために賃金が高騰し、競争力維持のために製品価格が上げられないとなると、高い賃金を支払っている従業員の生産性を高めるしかなく、そのためにアメリカが工業的優位を獲得した」と指摘している。

これを兵器に当てはめるならば、ひとつひとつの兵器の殺傷能力の向上や、効率的な敵

※機関銃
一般に、引き金を引き続けるだけで弾が連射される銃の総称である。ガトリング砲はその原型といえる。用途・設計・開発側の想定により細かく分類される。

の殲滅を目標に定めるのは必然だ。

そういった社会背景の下で、新兵器の開発に勤しんでいたひとりが、発明家※のリチャード・ガトリングであった。彼は１８６１年に新式銃・ガトリング砲の開発に着手すると、翌年末には関連する特許を取得するまでに至った。基本的な原理は従来の銃から採用しているものの、確実な作動性を得るために、工業生産力を存分に活用した。そのため、信頼性は同時代のいかなる銃器よりも高かった。

複数の銃身が束ねられた形をしており、左右の車輪に支えられ、発射する際には、銃身を人力で回転させながら、給弾・装填・発射・排莢のサイクルを繰り返して驚異の連続射撃を行う兵器であった。

リチャード・ジョーダン・ガトリング

このガトリング砲の能力を最大限に引き出すためには、一丁あたり3~5人の射手を必要としたが、2丁並べれば1個連隊に相当する火力を発揮した。
しかも1個連隊は装備品だけで5万ドルかかり、1年間運用すれば15万ドルのコストを要するが、ガトリング考案の新式銃は1丁わずか１５００ドルである。

※発明家
21歳のときには蒸気船用のスクリューを発明したが、ジョン・エリクソンが一歩早く特許を取得していた。

右のような解説が新聞紙上に掲載されことで、評判はますます高まった。

彼は南部出身だったが、より工業生産力が高い北部に移住して、開発した新式銃のさらなる生産拡大と普及を図った。北部は南部に比べ、販売網の拡大にも都合が良いと考えたのだ。さらに、南部と対立する北軍を指揮する、エイブラハム・リンカーン※に宛てて、売り込みの手紙まで出している。

しかし、ガトリングは故郷の南部を裏切るつもりはなかった。それどころか「新式銃が戦場で使われるのは神の思し召し」と信じていたようなのである。

これはどういうことなのだろうか？

●戦死者を減らす「神の意思」

ガトリングは12人の奴隷を擁する、綿花農場を経営する農園主の家庭に生まれた。一家は農家とは別に、発明家としての顔も持っていた。父・ジョージ・ジョーダンは耕運機などを発明し、兄のジェームズは飛行機の開発に熱心だった。そんな一家に生まれたガトリングが発明の道に進むのは自然な流れであった。

「発明エリート」らしく、彼が生涯で取得した特許は50をくだらない。最初に発明したのは種まき機。種を入れた、回転可能な容器を荷車に設置し、これを押して歩くだけで畝に無駄なく種が撒かれるという優れものだった。

※エイブラハム・リンカーン（1809～1865）アメリカの政治家。第16代アメリカ大統領。共和党から初めて選出された大統領である。アメリカを二分した「南北戦争」では北軍を指揮して戦い、勝利に導いた。「人民の人民による人民のための政治」という言葉は今もなお名言として語り継がれている。

ところでこの原理、どこかで聞いたことがないだろうか？

そう。実はこの種まき機の構造を取り入れて作られたのが「ガトリング砲」。土に種を撒く動作を、薬室に弾丸を置く動作に置き換え、無駄のない連射を実現したのだ。

そして、彼がこの新式銃を考案したのは、次のような理由からだった。

※1876年型ガトリング砲

ひとりで100人分の働きができれば、戦場に送られる兵士の数は削減できる。ガトリング砲があれば大規模な軍隊の派遣がほとんど必要なくなる。戦争の期間は短縮され、死傷者の数も減るはずだ

どこかズレている気もするが、こんな思い[※]がガトリングを駆り立てたのだ。だから彼は必死で生産性を向上させ、販路を拡大し、故郷と争っている敵軍の総大将にも営業をかけたのだ。

リンカーンに売り込みをかけたガトリングはその文中で、「有益かつ効果的な働きをするものと確信している」、「内乱鎮圧の手段として用いられることは神の意思とも

※こんな思い
実はガトリングは、天然痘にかかった経験からオハイオ・メディカル・カレッジで医学博士の称号を得ている。人を救いたいという思いは常に持っていたのだろう。

いえるでしょう」と自信満々に書き記している。

もっとも、ガトリングが敵の総大将に売り込みをかけたのには、別の理由もあった。

実は「南北戦争」当時、「ガトリング砲」は実戦配備はされたものの、思ったような戦果を挙げていなかったのだ。しかも販路拡大に有利と思われた北部での商売も軌道に乗らず、彼の自信とガトリング砲の性能に見合う働きができていなかった。

というのも、北部に移住したとはいえ、工場を構えた場所が南部との国境線にほど近く、「工場を軌道に乗せたら、いつ敵に横流しされるかわからない」という疑念を北軍に抱かせてしまったのだ。また、ガトリングがかつて「アメリカ騎士団」という南部原理主義的な秘密結社に所属し、北軍相手の破壊工作に従事していた遍歴も、いっそう疑惑を濃厚にさせた。

●ついにアメリカを飛び出す

そこでガトリングは、ほどなくして販路を世界に求めた。※ すると、ちょっとしたデモンストレーションだけで、殺戮兵器・ガトリング砲は、ヨーロッパの列強各国相手に飛ぶように売れた。すでに開発者であるガトリングの名とともに、それがいかに優れた性能を持ち、コストパフォーマンスに優れているか、戦争が絶えないヨーロッパの軍人や政治家たちは十分に認識していたのだ。

※販路を世界に求めた　日本では「戊辰戦争」において、長岡藩の家老である河井継之助がガトリング砲を購入し、実戦で自ら操作して戦っている。

ガトリング砲は世界中の紛争地域を席巻した。戦争だけではなく、先住民の反乱や労働者のストライキなど、国家間の戦争に限らず暴徒を瞬時に鎮圧するために、ガトリング砲はもっとも有効な兵器となった。

早い話、数人で操作して掃射すれば片がついてしまうのだ。

アメリカがハワイ王国を支配下に置いた際は、アメリカ軍がガトリング砲をチラつかせただけでハワイの王室も国民もひれ伏したほど。もしも、この手の使い道ばかりであれば、ガトリングの理想通りなのだろうが……。

さしものガトリング砲も、1884年にイギリス人発明家ハイラム・マキシム※が全自動式機関銃を開発すると、重くて不便だとして一気に廃れてしまった。それでも「機関銃」という兵器の先鞭をつけた功績は特筆すべきものがある。

ガトリングはといえば、1870年にはさっさとコルト社にガトリング砲関連の特許を売却しており、その後は本来の発明家稼業に戻ったようだ。彼が自宅で息を引き取ったのは、「日露戦争」で機関銃が目覚ましい活躍を見せる前年、1903年のことであった。

享年、84歳だった。

※ハイラム・マキシム（1840〜1916）アメリカの発明家。世界で初めての全自動式の機関銃を発明した。彼の発明した機関銃と、その派生型を一般に「マキシム機関銃」と呼ぶ。「第一次世界大戦」ではイギリス、ドイツ、オーストリア・ハンガリー、ロシアなどが一斉に採用して戦場で大活躍した。

INVENTOR 5

【無限軌道発明者のひとりだが…】

ランスロット・モール

Lancelot de Mole

●歴史は古い新兵器「戦車」

「戦車」の歴史はとても古い。なんと紀元前3000年頃、当時は数少ない馬の産地でもあったメソポタミア地方で発明されたといわれている。

また、はるか昔、西アジアを中心に隆盛を極めたヒッタイト人の王国は、周辺を制圧するのに戦車を使っていた。馬に、御者や弓を射る兵士が乗る台車を取り付けたものだが、馬を産出しない地域相手には、その機動力は破壊的な威力を発揮し、彼らは急速に勢力を拡大した。侵攻を受けたエジプトもまた「チャリオット※」と呼ばれる、似たような構造を持つ戦車を有していた。

その後も馬と車輪がセットになった兵器は、世界のあちこちで出現している。有名な「トロイの木馬」もその亜種といっていいだろう。

※チャリオット
武器を持った人間を乗せた馬車を馬に引かせる兵器。主に古代に世界各国で使用された。一時、騎馬兵に取って代わられるが、その設計思想は戦車に継承されることになる。

その究極の進化形といえるのが、今日「タンク」として地上に君臨している戦車である。根本的な仕組みは古代と変わっておらず、運転手がいて射手がいる。大きく異なるのは、走行中の安定性※だろう。

古代の戦車は路面の凹凸の影響を大きく受けるため、放つ矢の命中率に難があった。だから運用するどの軍隊も戦車の台数確保に躍起になった。もっとも、高速で戦場を走り抜ける戦車は歩兵にとって恐怖の対象だったから、存在するだけで敵に心理的な圧迫を加えることはできた。

●モールの判断がイギリスを救った？

結局、人類は20世紀に入るまで、この原始的な戦車のマイナーチェンジしか開発することができなかった。しかし、「産業革命」後に、画期的な機構が登場する。

「無限軌道」、いわゆる「キャタピラー」だ。

着想したのはオーストラリアの技術者ランスロット・デ・モール。彼が無限軌道を思いついたのは、戦場とは縁もゆかりもない場所だった。

ランスロット・デ・モール

※安定性
古代の大規模戦闘では壮絶な戦車戦が展開された様子が史料から窺えるが、あまりにも地形の影響を受けやすくコストがかかった。さらに馬具や騎馬戦術が発展したことによって、戦車は歴史から姿を消した。

荒れ地を移動していた彼は、悪路にガタガタと揺られる居心地の悪さをどうにかして改善できないかと考えた。実現すれば、あらゆる障害物を乗り越えて前進することが可能になる。すでに装甲車は発明されていたから、それを組み合わせれば路面の状態に左右されない小型の移動要塞ができあがるのではないか――。

1912年、モールは設計図と模型をイギリス本国の戦争省に送付する。政府からの返事がないことに心を痛めたモールの友人が、親切にも戦争大臣に「この発明の素晴らしさ」を訴える手紙を出したものの、なしのつぶて。

周囲はモールにドイツへの売り込みを勧めた。当時はまだ「第一次世界大戦」前。ドイツとイギリスが後に大戦争をする関係になるとは知る由もない。しかしモールは、将来的にドイツが母国の脅威になると考えていた。

もし彼が名誉や金銭的な成功にしか興味がない人物だったら、世界史は異なる展開を見せていたかもしれない。

「第一次世界大戦」が始まって後の1915年。ついにイギリス本国からモールに「戦車開発」の依頼が舞い込んだ。「無限軌道を用いた蒸気機関の牽引車で、その車重を活かして鉄条網※を踏み潰したい」というのがスペックに関する要望だった。

当時ヨーロッパ戦線では塹壕戦が繰り広げられており、歩兵の前進を食い止めるために鉄条網が活用されていた。ちなみに依頼の主は海軍大臣の座にあったウィンストン・チャー

※鉄条網
陣地の全面に構築され、敵歩兵の侵入を防ぐ、棘が付いた鉄製の網。爆風を受け流してしまうため、人力でワイヤーカッターを用いて切断するか、強力な爆弾で支柱ごと吹き飛ばすしかない。そこで戦車の出番となった。

チルだ。確かな見識と洞察力を持ったチャーチルの存在が、モールを歴史の表舞台に引き上げようとしていた。

●世界初の戦車「マークI」登場!

1916年、イギリスはいよいよ戦車「マークI」を実戦に投入する。

重量28トンの8人乗りで、4人が攻撃を担当し、残りの4人が操縦などを担当する。

装甲は12ミリ鋼板で武装は6ポンド砲2門に機関銃4丁。ダイムラー社製105馬力エンジンで最高時速は6・5キロと、急ぎ足程度のスピードではあったが、その重量と装甲で、わけなく塹壕や鉄条網を粉砕した。

ただ、居住性※がまったく考慮されておらず、障害物があるたびに、それが轍であっても車体は大きく揺れ、起伏が激しい土地では車内で兵員があちこちに飛び跳ねる有様。おまけに内部は蒸し風呂のように暑く、換気も不十分で失神する兵士もいた。

おかげで兵士たちには不評で、初期に配備された49

イギリス軍が開発した無限軌道を使った戦車「マークI」

※居住性
全長10メートルという巨大さを誇りながら、当初無線機は搭載されておらず、後方との連絡には伝書鳩が用いられていた。

「カンブレーの戦い」で撃破されたイギリス軍の戦車

台のうち、稼働したのは18台という性能の不確かさもあって、当初は期待外れだと思われていた。ところが1917年の「カンブレーの戦い」で、歩兵の盾として機能したことで、ようやく実用性が認められた。

●モール案、採用されず

ところで、この「マークI」は、モールの設計によるものではない。

アーネスト・スウィントン※なるイギリス軍中佐がその設計者であった。実はモールが先に設計していた戦車の方が、実用性もスペックも優れていたようだが、制式採用されることはなかった。

というのも、イギリスは装甲車の発明国で、1914年には「ロールス・ロイス・シルヴァーゴースト」なる装甲車のプロトタイプを完成させていた。そんな国だから軍内部でも次期主力装甲車の開発が進められており、部外者のモールのアイディアは弾き飛ばされてしまったのだ。

モールはせめてもの見返りとして「無限軌道と戦車の発案者」としての地位と名誉を求

※アーネスト・スウィントン　この軍人は実に多才で、戦車を考案する前には小説仕立ての兵法書を書いてベストセラーになっている。内容は主人公の小隊指揮官が夢で失敗を繰り返しつつ経験を積んで作戦を成功させるという〝ループもの〟である。

めたが、得られた褒賞金はスウィントンの20分の1ほど、手にした地位も名誉伍長という取るに足らないものでしかなかった。

事実、スウィントンはモールの無限軌道を参考にしたのではなく、第一章の「自動車」で登場した「キャタピラー社」の創業者、ベンジャミン・ホルトの無限軌道※にヒントを得ていたのであった。

大戦が終結すると、モールはシドニー水道局の技術者に転身する。やがて「第二次世界大戦」が勃発すると、「今度こそ!」と爆弾の被害を食い止める発明をしてオーストラリア発明委員会に持ち込む。オーストラリア軍は実用性を見込んでイギリス本国に情報を転送したのだが、またしてもイギリスの返答は「却下」。最後までロンドンに煮え湯を飲まされ続けた発明家人生であった。

※無限軌道
現代においては、一般道路を無限軌道の車両が通行することも珍しくない。従来型の戦車の無限軌道に使用されている鉄クローラーでは舗装路を傷める恐れがあることから、最近は着脱できるゴムパッドが普及しつつあるという。

【化学兵器の父の苦悩】

フリッツ・フーバー

Fritz Haber

●「毒ガス」の開発者はノーベル賞受賞者

「第一次世界大戦」後、難を逃れるために家族を連れてスイスへと亡命していたドイツ人化学者フリッツ・フーバー。〝戦犯〟として連合国から追われていないと知ると、彼は祖国ドイツに舞い戻った。そこで知らされたのが、自分がノーベル化学賞※を受賞したというニュースであった。

受賞理由は、「アンモニアを工業生産するための合成方法を発見した」こと。当時の科学力では、アンモニアを工場で大量に合成するのは至難の業とされていた。それまでも彼は何度も候補に挙がった経験があり、受賞は順当かと思われた。

しかし、戦勝国サイドは「受賞は不当」だとして、ノーベル賞委員会に撤回を求める。委員会は「自分たちの決定に不備はない」としてこれを却下。

※ノーベル化学賞　ノーベル賞の中でも、自然科学部門の物理学賞、化学賞、生理学・医学賞の３部門における受賞は科学分野における世界最高の栄誉であると考えられている。

晴れてノーベル賞受賞者の仲間入りをしたフーバーだったが、戦勝国が口を出したくなるのには、もっともな理由がある。

フーバーは「第一次世界大戦」期に登場して、多くの連合国の兵士を瞬く間に死の淵に陥れた新兵器「毒ガス」の発明者だったからだ。

フーバーは生前、「これほど辛い経験はなかった」と友人に漏らしたこともあれば、「戦時も平時も許される限り祖国のために仕えた」と、墓碑に記して欲しいと遺書に書いてもいる。

毒ガス開発の経緯を中心に、悲しき天才科学者フーバーの生き様に迫りたい。

フリッツ・フーバー

●自ら使用を軍に提言

フーバーが発明した「毒ガス」という発想そのものは、さほど目新しいものではなかった。

温泉地を訪れると、よく「卵が腐ったような臭い」と形容される火山地帯特有の硫黄臭※と出会う。

この異臭をまき散らして、敵を退散させてしまおうというユニークなアイディアは、古代ギリシャ時代からあった。

※硫黄臭
臭いの正体は硫化水素である。高濃度での暴露を受けた場合には、肺の酸素分圧が低下することによる呼吸麻痺を起こし、呼吸中枢が活動できなくなる。また独特の臭気は嗅覚を麻痺させる作用もあり、高濃度で匂いを感じなくなる。従って濃度が致死量を超えていても知覚できないケースもあるので注意が必要だ。

しかし、化学が確立されていなかった時代には、臭いの源の正体はつかめず気体を自在に扱うことは不可能だった。しかし知識が集積され兵器の開発も進んでいた19世紀になると、非人道的な毒ガスの使用を予防しようと、1899年に「ハーグ陸戦条約※」という国際条約が結ばれる。

ここでは「窒息性の気体や有毒ガスの散布を目的とする発射体の開発」が禁止された。ところが、当時の国際条約は今にも増して実効性に乏しかったから、やがてイギリス、フランス、ドイツが催涙ガスの開発に成功する。「第一次世界大戦」が勃発すると、ドイツとフランスは早速催涙弾を実戦に投入した。

ところが技術的な未熟さか、催涙弾は敵が散布されたことに気付かないほど効果が薄かった。ドイツは気体ではなく粉末を使ったこともあったが、戦後に機密文書を入手してようやくその事実を知ったという始末だった。

愛国心あふれるフーバーは、騎兵隊と砲兵隊の予備上級曹長だった。彼は催涙ガスを砲弾ではなくボンベから射出する研究を始めていた。そして軍に提案するとき、フーバーは塩素ガスの使用も同時に提言している。

彼が塩素ガスに着目したのには理由がある。生家が塩素を使う染料工場を営んでおり、開戦と同時に需要が減った染料工場では塩素がだぶついていると知っていたのだ。

※ハーグ陸戦条約
1899年に「ハーグ平和会議」で採択された国際条約。当時の戦争法規を法典化したもので、交戦資格、俘虜、害敵手段の制限、間諜、軍使、降伏条約、休戦、占領などに関する56カ条に及ぶ条文を含んでいる。

●初陣で絶大な効果を証明した「毒ガス」

しかし、軍の毒ガス開発に全面的に協力することに、最も近しい人が強硬に反対する。フーバーの妻・クララである。

このクララ、当時の女性としては珍しく化学の分野で博士号を取得した才女※であった。毒ガスの実験にも立ち会い、実験動物が苦しんで死ぬところや、爆発事故を目の当たりにして、このようなことに夫が手を染めることを許せなかったのだ。

しかし、フーバーは聞く耳を持たず開発にまい進する。開戦した1914年中には、塩素ガスはガスマスクともども実地での試験を終えた。やがて翌年の春には、戦況が膠着状態に陥っていた塹壕戦の最前線、ベルギーのイーペルで実戦に投入された。折しもドイツ軍側から連合国軍側に風向きが変化し、毒ガスは地を這うように敵陣めがけて進んでいく。

しばらくすると連合国軍の陣地が慌ただしく動き始めた。平原を雲のようなものが進んできたかと思うと、兵士たちの口からは泡が吹き出し、眼球が飛び出す者も

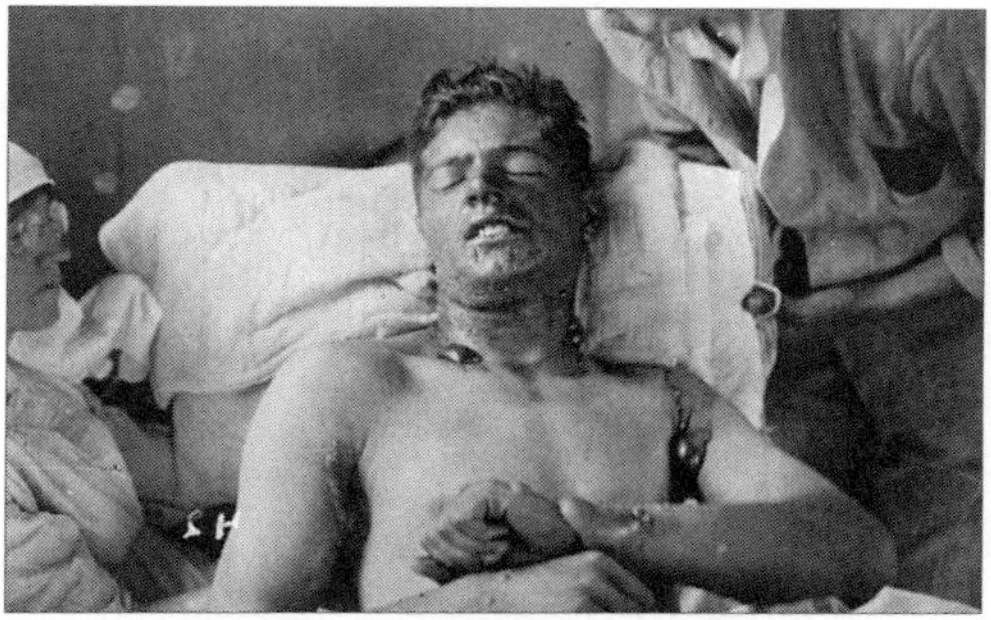

「第一次世界大戦」中、毒ガス攻撃を受けて苦しむ兵士

※才女
当時の社会では、女性が化学者として活動することは難しく、フーバーはクララに研究を手伝わせたわりには、クララの研究は助けなかった。彼女の化学者としてのキャリアは失われ、失意の結婚生活を送ったとされている。

……。

突然の異変に戸惑う周囲の兵士にも、やがて目に見えぬ脅威が襲い掛かる。もだえ苦しむ兵士の数は、時間とともに増えていく。

5000人が窒息死、肺を損傷したり失明したりして戦線を離脱した兵士も数多く現れた。うがいや目を洗うのに水を使うと、塩素ガスが化学反応を起こしてしまうためだった。それが身体を焼くのだ。

フーバーがこの戦闘からベルリンの自宅に戻ってからほどなくして、妻のクララは夫の軍用ピストルで自分の胸を撃ち抜き自殺してしまった。※フーバーは睡眠薬を飲んで眠っていたためクララの死に気づかず、遺体は息子によって発見された。

一方で、この大戦果に大喜びしたのがドイツ皇帝のヴィルヘルム2世で、フーバーは鉄十字勲章を授けられたのだった。そして〝特例〟として名誉大尉に任ぜられる。なぜ特例だったのか？

これは冒頭で紹介した、彼が残した2つの言葉と関係している。

フーバーはユダヤ人だったのだ。「第一次世界大戦」期にはすでに、ユダヤ人はドイツ人の下と見られていた。そういった障壁を少しでも取り除こうと、彼はキリスト教に改宗までしていた。

そんな努力も効果はさほどなく、恩賞は特例という形で与えられた。それでも、祖国に

※自殺してしまった
自殺の原因は毒ガス攻撃への絶望とも、フーバーの女性問題とも、遺伝的な問題（息子や妹も自殺している）ともいわれており本当のところは判然としない。

尽くした自負があったから、フーバーは「戦時も平時も許される限り祖国のために仕えた」と墓碑に刻みたかったのだろう。

「第一次世界大戦」中にイギリスは、フーバーの塩素ガスへの報復として「ホスゲン」を開発する。ガスマスクの登場で毒ガスの効果が薄まると、ドイツは新型の「マスタードガス」を開発する。

これらの後続の化学兵器開発には関与していなかったフーバーだが、次なる毒ガス開発には全力を注いでいた。ところがドイツではナチスのアドルフ・ヒトラー※が政権を握る。

知っての通り、ナチス政権は、ユダヤ人を「宗教」からではなく「民族」の側面からとらえ、弾圧の対象にしていた。改宗していたフーバーもユダヤ人ゆえに弾圧される立場になってしまった。カイザー・ヴィルヘルム研究所所長だった彼は、追われる前に辞任した。冒頭で紹介した「これほど辛い経験はなかった」という言葉はこれらの体験を指している。

1933年、イギリスから招請されたフーバーは、国籍取得も可能という言葉に魅せられて海を渡った。しかし赴任先のケンブリッジ大学には、「第一次世界大戦」に従軍した退役軍人も多く、彼は孤独を強いられる。渡英から2カ月、体調を崩して治療のため向かったスイスで、フーバーは心臓発作を起こして65歳にして世を去ったのだった。

※アドルフ・ヒトラー（1889〜1945）
ドイツの政治家。オーストリア生まれ。「第一次世界大戦」後、ドイツ労働者党に入党し、党名を「国家社会主義ドイツ労働者党」に変えて党首となった。1933年に首相、翌年総統となって全体主義的独裁体制を確立。侵略政策を強行して1939年には「第二次世界大戦」を起こしたが、敗戦直前に自殺。著者に『わが闘争』がある。

INVENTOR 7

【死の商人が最後に願ったこと】

アルフレッド・ノーベル

Alfred Nobel

●きっかけは自らの死を伝える大誤報

ダイナマイトの発明者であるアルフレッド・ノーベルは、同時に「ノーベル賞」の設立者としても名を残しているが、設立のきっかけは、ある新聞記者の勘違いだった。

1888年、兄のロベルトが死去したとき、新聞に訃報が掲載されたのだが、紙面を見たノーベルは目を疑った。執筆した記者は亡くなったのがノーベルだと誤解し、さらに見出しに「死の商人※死す」と打ったのだ。

ノーベルは、それを見て世間に対する自分の評価を思い知らされる。このままでは殺人兵器・ダイナマイトの発明者として、歴史に永遠に汚名が刻まれてしまう……。思案の末にたどり着いた結論が「ノーベル賞の設立」だった。

ノーベルは亡くなったときに備えて、「化学、物理学、医学、文学と平和運動の5分野

※死の商人
兵器を販売して巨大な利益を得る人物や組織を指す蔑称。兵器の部品を製造しているくらいでは、こう言われないため、結局目立った者だけが非難の的になる。

について、毎年その発展などにもっとも貢献した人物を選ぶ」という賞の趣旨を書き残し、遺族に基金設立を託した。また、受賞資格については、「候補者の国籍は考慮せず、スカンジナビア人であろうとなかろうと最もふさわしい人物が賞を受け取るものとする」とあり、当時としては画期的だった人道的な選出基準も明記されていた。

そのノーベルは、若いときに人生を左右しかねない大惨事に見舞われている。

1864年、末弟・エミールが自宅での「ニトログリセリン※」を用いた爆発実験で、大事故を引き起こしてしまったのだ。当時のノーベル一家は父・イマニュエルを筆頭に、すでに実験室が併設された工場で爆薬製造を手掛けていた。

その工場が跡形もなく吹き飛び、周囲には肉片や骨片が散乱するという有様。

アルフレッド・ノーベル

犠牲者はエミールとその友人、実験室勤務の少年や家政婦など。たまたま工場の脇を歩いていた青年も犠牲になった。

ノーベルは後年になっても、爆発事故については、一切口をつぐんで語ろうとしなかったという。

この経験があったからこそ、ノーベルは「死の商人」として後世に評価されることを、何より恐れたのかもしれない。

※ニトログリセリン
グリセリンの硝酸エステル。無色の油状の液体で、わずかの衝撃でも爆発する。狭心症の薬としても用いられる。

●父のおかげで勉学に励む

ノーベルの父、イマニュエルは貧しい家の出で、自らの才覚での立身を目指していた。ストックホルムで建設会社を立ち上げるも失敗し、妻子ある身ながらロシアのサンクトペテルブルクに単身移住。軍需品工場を設立してようやく成功を収め、4人の息子と妻を呼び寄せられるまでになった。

当時のイマニュエルが主力商品として製造していたのは機雷※で、「クリミア戦争」では兄ロベルトが自社製の機雷をフィンランド湾に大量に敷設し、イギリス艦隊を寄せ付けなかったとされる。

イマニュエルはこうして生み出された富を惜しみなく子どもの教育に注ぎ込み、おかげでノーベルはサンクトペテルブルク工科大学で、1846年にイタリアで発見されたばかりの「ニトログリセリン」を研究することができたのだ。

従来の黒色火薬が爆発によって生み出す圧力は6000気圧だが、ニトログリセリンのそれは27万5000気圧とケタが2つも大きい。また火薬の爆発力は一方向にしか進まないが、ニトログリセリンなら全方位に拡散が可能だった。

しかし、当時のニトログリセリンは、少量でも驚異的な爆発力を生み出す一方で、非常に制御が難しい液体として知られていた。ちょっとした振動でも爆発するので、ノーベルも試験官での実験で手痛い目に遭っている。

※機雷
水中に敷設され、船が接触あるいは接近すると爆発する兵器。港湾・航路の防衛や敵水域の封鎖のために使われる。つたない性能だった頃は、多額の予算をかけた戦闘艦などが味方の機雷で沈んでしまうなどの事故が相次いでいる。

それでも危険を承知で利用するケースが後を絶たず世界各地で爆発事故が相次いだ。おかげで1869年にはイングランドで使用が禁止され、フランスやベルギーも後に続き、スウェーデンも使用は許したが輸送を禁じた。

すでに、冷凍すれば暴発のリスクが軽減できることはわかっていたが、それでも使用するときには液体に戻さなければならないから、妙案とはいえなかった。当時のノーベルは、ニトログリセリンと何かを混合させれば性質を安定させられるはずだと予測して、さまざまな素材の可能性を探っていた。※

●ダイナマイトの誕生は偶然から

発見は偶発的なものだった。粘土のような柔らかい素材で、植物の化石を原料とする珪《けい》藻土《そうど》というものがある。ノーベルはニトログリセリンを運搬するとき、容器の間を埋める緩衝材として使っていたのだが、ある日、この珪藻土の上にニトログリセリンを垂らしてみることにしたのだ。

珪藻土はニトログリセリンをよく吸収し、手ごろな柔らかさを保っていて色々な形に加工もできた。おまけに少々のことでは爆発しない。しかし、これで爆発能力を失っていては意味がない。ノーベルが試作を棒状に伸ばし、雷管をセットして爆発させてみると、火薬など足元にも及ばない爆発力を示した。

※探っていた
冒頭で紹介した爆発事故によって、ノーベルはスウェーデンのストックホルムでの研究開発が禁止されたため、ドイツのハンブルクの工場で実験を行っていた。

1942年、「ダグラスダム」の建設に使われるダイナマイト

次にノーベルは、ニトログリセリンを含ませた珪藻土を、ハンマーで激しく殴打したり壁に投げつけたりしてみた。爆発しない。試しに火の中にも入れてみた。驚くことに、それでも爆発しなかった。爆発するのは雷管をセットして起爆させたときだけだ。

ついに爆発のタイミングをコントロールすることが可能になったのだ。

ノーベルはさっそくこの爆薬に「ノーベル式安全爆薬」と名付けて売り込みを開始する。商品名は後にギリシャ語で「力」を意味する「ダイナマイト」※に改名した。

ところが、度重なる大事故から、人々はニトログリセリンにアレルギーを持っており、なかなか買い手がつかない。仕方なくノーベルは〝実演販売〟をするべく鉱山や採石場に足繁く通うのであった。

●国家の命運を左右するまでに

やがてその威力が知れ渡るにつれ、ノーベルのダイナマイトは国家の命運をも左右することになる。まず、プロイセンが、軽くて持ち運びに便利で驚異的な爆発力を持つダイナ

※ダイナマイト
1890年には、ノーベルの知人がノーベルの特許をわずかに変えてイギリスで特許を取得する事件があった。ノーベルは裁判を起こしたが、最終的には敗訴してしまった。

マイトに興味を示し、早い段階で工場開設の許可を出してノーベルの得意先となった。一方で、火薬の流通を政府がコントロールしていたフランスは、ダイナマイト導入に難色を示し、官僚主導で見送ることにした。

1870年、そのプロイセンとフランスが激突する「普仏戦争」が勃発する。それまでの戦争では、要塞といえば容易に陥落しない、包囲するしか攻める手立てがない存在だったのが、プロイセン軍はダイナマイトで要塞の壁を次々と爆破していったのだ。ナポレオン3世が捕虜にされるなど、フランス軍は大敗して「第二帝政」は終幕を迎えた。知らず知らずのうちに、ノーベルは近代のターニングポイントを演出したのだ。

1870年代のノーベルは、盗作や贋作と戦いながらもヨーロッパ中に工場を構えることに成功した。生産量は当初の年間11トンから5000トンにまで急拡大し、おかげでノーベルは巨万の富を築いたのだった。

ダイナマイトはさまざまな場面で活躍した。金山採掘の発破に使われることもあれば、スエズ運河やパナマ運河の掘削にも活用された。

農家は切り株の除去に使ったし、有名なアメリカのラシュモア山にある、大統領4人の胸像※の製作にも使われている。こうして世の中を劇的に便利にしたダイナマイトだったが、戦争で大いに活用されたのも事実で、ノーベルはその遺言が履行されるまで「死の商人」として人々に記憶されてしまったのだ。

※胸像の製作　製作した彫刻家のガットスン・ボーグラムは、山肌を荒削りするのにダイナマイトを使った。

INVENTOR 8

【世界の破壊者となった天才】
オッペンハイマー
Robert Oppenheimer

●早熟な理論物理界の巨人

ロバート・オッペンハイマーは、戦争によって、その名声が大きく変質してしまった人物の代表格であろう。今日では「第二次世界大戦」中のアメリカで「ロス・アラモス国立研究所」の所長を務め、事実上の原子爆弾開発者となったことで広く知られている。

オッペンハイマーは１９０４年、ドイツ移民の子として、ニューヨークで生まれた。幼い頃から神童ぶりを発揮し、数学、化学、地質学、哲学を学び、数カ国語を操った。

ハーバード大学を3年で卒業すると、イギリスのケンブリッジ大学※に留学し、ここから理論物理学の世界に入っていくことになる。

１９２８年には、今日の物理学を形成する大きな理論的主柱となっている「量子論」に関する重要な予言をしている。彼は「原子に電場を作用させると、電場の強さによらず電

※ケンブリッジ大学
イギリスのケンブリッジ市にある私立大学。多くのカレッジによる連合組織体制をとる。オックスフォード大学と並んで、イギリスのエリート育成機関としての役割を果たしてきた。これまでに60人以上のノーベル賞受賞者を輩出している。

子が原子の外に飛び出していく現象※を起こすことが可能」だと論理的に示したのだ。

さらに、1930年に、ポール・ディラックが自らの「相対論的波動方程式」を用いて陽電子の存在を予言すると、呼応するようにオッペンハイマーは「電子と陽電子の対生成」についての理論を発表している。1933年にアーネスト・ローレンスが、加速器内で重陽子に衝突された原子核が異常な核反応を起こしていることを発見すると、それに理論的な裏付けを与えたのもオッペンハイマーだった。

1939年には、相対論に基づいて、宇宙に「ブラックホール」が存在する可能性について論文を発表している。質量によって異なる星々の最期の運命を、具体的に記述してみせたのだ。

ロバート・オッペンハイマー

●35歳にして原爆開発の総指揮を委ねられる

これほど数々の偉業を成し遂げた物理学者なのに、今日のオッペンハイマーは物理学者としての栄誉をほとんど与えられていない。それはひとえに〝原爆の父〟というもうひとつの肩書きに依るところが大きい。

1939年のはじめ。ナチス・ドイツがヨーロッ

※現象
この現象は「トンネル効果」と呼ばれ、ミクロを扱う量子論を特徴づける現象であり「粒子には粒と波の双方の性質が併存している」という論理を示す働きでもある。半世紀後に発明される「走査型トンネル顕微鏡」は、オッペンハイマーが提示したこの理論を応用したもの。

パで戦端を開こうとしていたとき、ナチス・ドイツによる原子爆弾開発の可能性を、アメリカ大統領フランクリン・ルーズベルトに示唆したのは、第一章でも触れたように、アルベルト・アインシュタイン※を中心とするユダヤ人科学者たちだった。

ルーズベルトは、アインシュタインの指摘を「十分に現実味がある」と判断し、「マンハッタン計画」を発動させてドイツより先に原子爆弾開発を成功させるべく、アメリカを動かしていく。責任者に選ばれたのは、科学技術に明るいレズリー・グローヴス大佐。

彼は責任者になったとはいえ、研究所を設立するなら、その運営には別に所長を立てるのが望ましいと考えた。そこで白羽の矢を立てたのがオッペンハイマーだった。

オッペンハイマーは当時35歳。すでに数々の論文で名を馳せ、「核分裂」というテーマに関係が深い研究を続けていたから、妥当な人選といえた。ところが、オッペンハイマーは、「マンハッタン計画」に従事する者全員が記入を義務付けられた質問票に「西海岸に存在するほぼすべての共産主義組織に参加していた」と書き込んだ。

大胆不敵な告白だが、それでもアメリカは彼の頭脳を必要とした。監視下に置くという条件付きで招聘を認めたのだ。最初のうちは、「共産主義者」のレッテルから、軍内部でも彼の起用に疑問の声があがっていたのだが、グローヴスは自らの権限でそれを封じ込め、オッペンハイマーが機密を取り扱うことにも許可を出している。

※アルベルト・アインシュタイン（1879～1955）20世紀最大の物理学者であり、「相対性理論」の創始者。独創性あふれる理論で、物理学のみならず、哲学など人文学の分野にも影響を及ぼした。思想は平和主義者でファシズムを憎んでいた。

●自ら豪華な陣容を整えた

オッペンハイマーはロス・アラモス国立研究所の立地選定から主導的に計画に関わった。また、実験物理ではなく、理論物理の人間だった彼は、本来であれば実験に次ぐ実験の場となる研究所には不向きだったはずだが、外国語に堪能な天才らしく、高い指揮能力を見せて研究所を牽引した。

自ら口説き落とした共同研究者はそうそうたるメンバーで、エンリコ・フェルミ※、リチャード・フィリップス・ファインマン、レオ・シラードなど、科学史に名を残している科学者ばかり。彼らを駆り立てたのはナチス・ドイツへの危機感もあったろうが、オッペンハイマーの人柄を見込んで協力した側面もあったはずだ。

計画責任者のグローヴス中将と

そして１９４５年７月、ついにその瞬間が訪れる。12日の朝から、オッペンハイマーは作業員たちとともに新型爆弾の組み立てを開始する。丸１日かけて組み立てが完了すると、起爆装置をセッティング。研究者たちから「ガジェット」と名付けられていたこの新型爆弾は、ウィンチで所定の位置まで吊り上げられた。14日、オッペンハイマーは２日後に迫った実験のため、最終的な

※エンリコ・フェルミ
（１９０１〜１９５４）
アメリカの物理学者。原子核物理の実験によって「原子核のβ崩壊の理論」、「フェルミの中性子減速理論」を作り、遅い中性子の特性を発見した。一連の功績によってノーベル賞を受賞している。夫人がユダヤ人なので、「マンハッタン計画」に協力した。

「トリニティ実験」成功の瞬間

点検作業に入った。

実験当日。軍や政府の高官が続々とロス・アラモスを訪れ、科学者たちと一緒に地下の司令室に向かった。すると起動を待つだけというときに、突然激しい嵐が起こる。雷鳴が轟き、豪雨と暴風が実験場を襲う。

誤爆の危険に不安を募らせる研究者もいたが、1時間もすると嵐は収まり、気を取り直して実験は再開。夜を徹した作業に末に空が白んできたころ、起動された「ガジェット」は視界を奪うほどの閃光で辺り一面を包んだ。

光が薄れてくると、巨大な火の玉が回転しながら天に上っていくのが見えたという。

●「世界の破壊者」の戦後

オッペンハイマーによれば、そのとき司令室内にいるほとんどの人は声を発しなかったという。それほど、想像を絶するショッキングな光景だったのだ。

東洋哲学にも通じていた彼の脳裏には、ヒンドゥー教の経典『パガヴァッド・ギーター※』にある一節が駆け抜けたという。

※パガヴァット・ギーター　700篇の韻文詩からなるヒンドゥー教の聖典のひとつ。ヒンドゥーの叙事詩「マハーバーラタ」に収められている。ギーターとはサンスクリットで詩を意味し、「神の詩」と訳すことができる。

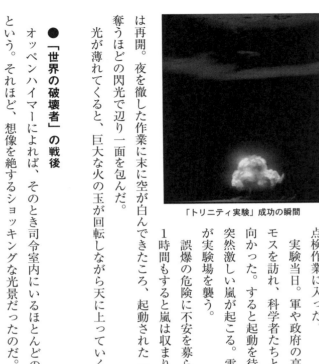

我は死なり。世界の破壊者なり

1945年、原子爆弾を2発落とされた日本が「ポツダム宣言※」を受け入れて、無条件降伏すると、トルーマンは、オッペンハイマーを改めて原子力委員会委員長に指名する。彼はその職責を1947年から1952年までまっとうした。

すでに時代は冷戦期に突入しており、アメリカとソ連の軍拡競争が始まっていた。原子爆弾の開発・改良はそのメインレースであり、アメリカはソ連を抑止するために、次世代型の原子爆弾である水素爆弾の開発を急いでいた。

しかし〝原爆の父〟オッペンハイマーは水素爆弾の開発には、人道的な観点から徹底して反対の立場をとった。すると、戦前に共産主義者であることを告白していた彼は、たちまち危険人物として政府や軍からマークされてしまうことになる。

機密文書へのアクセス許可は取り消され、原子力委員会からも追われたオッペンハイマー。ようやくプリンストン高等研究所に職を得て、本業の理論物理学者として再出発することができた。1963年にはエネルギー開発への多大な貢献を認められ、「フェルミ賞」を受賞し、その4年後にこの世を去ったのだった。

※ポツダム宣言
1945年7月26日に出された、全日本軍の無条件降伏を含む13カ条の宣言。アメリカ、イギリス、中華民国主席の名で発せられている。

INVENTOR 9

【天才数学者の悲哀】

アラン・チューリング

Alan Turing

●暗号解読の立役者

本項の主人公、イギリス人のアラン・チューリングは、現在では第一章「コンピューター」で触れた「エニグマ暗号機」解読の立役者として世界に名が知られている。※しかし、ほんの30年ほど前までは、彼の功績は公表されていなかった。

契機は、1982年に発刊されたゴードン・ウェルシュマンの著書である。彼もまたドイツ空軍のエニグマ暗号機の解読に従事したひとりだった。当時の記録は機密保持の観点から長く公表が控えられてきたが、真実を世に知らしめたいという思いから、ついに執筆に踏み切ったのだ。

ウェルシュマンによる〝暴露〟は、当時の関係者はおろかアメリカ政府をも震撼させた暴挙だったが、彼の勇気がエニグマ暗号機解読への過程を満天下に知らしめ、チューリン

※世界に名が知られている　1999年、「タイム誌」は「20世紀の最も影響力のある100人」に、コンピューター創造に果たした役割からチューリングを選んでいる。

グの名前を歴史の表舞台に登場させることになった。

チューリングはすでに鬼籍に入っていたが、その数奇な人生は戯曲化されてテレビドラマにもなった。２０１４年には彼の生涯を描いた映画※も公開されている。

アラン・チューリング

●進まなかった「エニグマ」の謎解き

１９１８年に開発された「エニグマ暗号機」は、１９２０年代には製品化され、ドイツ軍は早々に導入を決定している。その存在は１９２９年になって、ポーランドでの通関手続きで偶然発覚し、１９３１年にはポーランドに加えてイギリスやフランスでも解読法の分析が始まっている。

見ての通り、これらは皆、ドイツを仮想敵国とする国々である。つまり「第二次世界大戦」の勃発よりもはるか以前から、有事に備えて水面下で情報戦が繰り広げられていたのだ。

しかし暗号解読に至らぬまま、１９３９年9月のドイツによるポーランド侵攻で大戦は幕を開ける。連合軍は、以降約20カ月もの長きにわたって、

※映画
『イミテーション・ゲーム』。２０１４年に公開された歴史スリラー。監督モルテン・ティルドゥム、主演ベネディクト・カンバーバッチ。チューリングの幼少期と、暗号解読に関わっていた青年期、不遇の晩年の3パートを巧みに組み合わせ、その生涯を辿る。

エニグマ暗号機に苦しめられることになる。それもそのはずで、第一章の「コンピューター」で解説したように、ドイツは何度も暗号機を仕様変更しており、1937年にも内蔵ローターによる「開始位置指示方法」を変更、さらに開戦のちょうど1年前にも変更を加えている。暗号機の構造上、解読はその度に一から出直しとなる。

ちなみに、エニグマ暗号機にはいくつもの機種があり、基本構造は同じでも「海軍エニグマ」「陸軍エニグマ」「空軍エニグマ」で違いがあり、これも解読を困難にしていた。このうち、天才数学者・チューリングが関わったのは、海軍エニグマである。

●「コロンブスの卵」的発想

ドイツ海軍の潜水艦「Uボート」に苦しめられていた1939年初頭には、連合軍は暗号文の一部を解読できるまでになっていたが、レプリカを製造するまでには至らず、悪戦苦闘が続いていた。イギリス秘密情報部は、暗号解読に携わるメンバーを一カ所に集め作業効率を上げようと考え、「ブレッチリー・パーク」※に解読班を集結させた。

この中には、ポーランドの解読員と意見を交わすためにフランスに滞在していたチューリングも含まれており、この時点ですでに暗号解読の切り札となる「ボンプ」の構想が頭の中で完成していたといわれている。

作業効率を格段にアップさせるこの機械について、彼は若い同僚にこんな言葉をかけて

※ブレッチリー・パーク　イギリスのバッキンガムシャー州にある庭園と邸宅。暗号名「ステーションX」。現在は「第二次世界大戦」の暗号解読をテーマとした博物館になっている。イギリスの功績ばかりクローズアップされるが、一から情報戦を積み重ねてきたのはポーランドである。

いる。

中国人1万人を馬車馬のように働かせることが可能なら、この機械は不要だ

彼が優れているのは、「コロンブスの卵」的な逆転の発想にあった。ひとつしかない正しい設定方法を計算して求めるより、正しくない設定方法をチェックしていく方が正解への道を絞りやすく、絞り込みさえクリアすれば、そこから人海戦術を使えば良い、と考えたのだ。

こうして暗号の一部解読から2カ月後には、チューリング考案のボンプがイギリスで導入される。これの改良に向けて貴重なアドバイスをしたのが、先述したウェルシュマンであった。最新型のボンプには「スパイダー」の愛称が付けられた。

これと並行して、彼の怜悧な頭脳はわずかなヒントを頼りに、「エニグマ暗号機」の「開始位置指示方法」に隠された特徴の推論までたどり着いていた。1939年末のことだ。

同時期のイギリス海軍は、ドイツ艦艇から暗号機そのもの、あるいは手がかりを得ようと努力しており、1940年2月、ついに撃破した「Uボート」から機構に関するヒント※を得ることができた。

さらに、予想もしなかった筋からエニグマ暗号機に関するメモを大量に入手できた。オ

※ヒント
自沈した「Uボート」乗組員が避難する際に投棄すべきローターを失くし、それがイギリス海軍の手に渡ったとされる。

ランダ船に偽装したドイツの武装トロール船の拿捕に成功したのだ。

解読への糸口を手にした解読班は、まず「空軍エニグマ」の暗号を破り、チューリングたちも「海軍エニグマ」の解読に成功した。

●変人扱いされたチューリングの人格

数学者・暗号解読者としては不世出の人物だったチューリングだが、その人物像はどのようなものだったのだろうか。

同僚たちの証言によると、彼は軽度の自閉症もしくはアスペルガー症候群※だったのではないか、といわれている。その行動はかなりエキセントリックで、人間関係の構築が苦手。自分が他人からどう思われているのかに無頓着で、ひとりで仕事に没頭することを好んだ。

なにせ、論文を執筆するのに関連書籍を参照しなかったほどで、学生時代には12年前に発表されていた定理を〝再発見〟し、それを自分の発見として長く信じていたという。

また花粉症持ちで、春には外出を控えるのかと思いきや、ガスマスクを装着してサイクリングに出掛ける奇行に出ている。お気に入りのマグカップは盗難防止のためかチェーンと南京錠でラジエーターに繋いでいた。

こんな調子で次々と突飛なアイディアを思いつくチューリングを、「変人」として快く思わない先任の解読者もいたようだが、本人はどこ吹く風であった。

※アスペルガー症候群
知的障害を伴わず、興味・コミュニケーションについて特異性が認められる自閉症スペクトラムの一種。オーストリアの小児科医ハンス・アスペルガーにちなんでつけられた診断名である。

●死の真相は藪の中

戦後はコンピューター開発や数理生物学の研究を生業としていたが、故郷のイギリスで過ごした晩年は不遇であった。

1952年、空き巣の被害に遭ったチューリングは警察に通報。駆け付けた刑事に、「空き巣犯の友人は、私の同性愛の相手」と、喋ってしまったのだ。というのも、当時のイギリスでは同性愛が認められておらず、違法行為とされていた。

つまり彼は、うっかり犯罪行為を自白したようなもので、「みだらな行為をした」罪に問われてしまう。投獄寸前まで追い詰められたチューリングだったが、彼の才能を惜しんだ知人たちの陳情書のおかげもあってか、監獄行きは免れた。

ただ、むごいことに国家による※女性ホルモン投薬の〝治療〟が施される。体つきが女性らしく変貌していったチューリングは、やがて豊かな乳房を持つようになったという。

1954年、チューリングは41歳の若さで命を絶つ。

鑑定の結果、青酸カリを服用しての中毒死とされた。実験に使っていた青酸カリを、誤って舐めてしまったというのが結論だ。この死が事故だったのか、自殺だったのか、彼の事績が明らかとなった今もなお、謎に包まれている。

※国家による　2009年から、イギリス政府に対してチューリングへの仕打ちを謝罪するよう求める請願活動が盛り上がる。ゴードン・ブラウン首相はこれを受け、正式な謝罪を表明したうえで、彼の功績を称えた。

おわりに

いかがだっただろうか。

〝戦争の発明〟なくして、今日の私たちの生活が成り立たないことが、お分かり頂けたと思う。

筆者も、本書を執筆する前は「戦争が発明したもの」といえば兵器しか思い浮かばなかったが、調べれば調べるほど、出るわ、出るわ。

発明品として分かりやすい製品ばかりではなく、「国際連合」や「赤十字社」など、戦争がきっかけで作られた仕組みも〝戦争の発明〟であると思い至ってからは、さらに視野が広がった。

本書で取り上げた発明品を振り返ると、「ペニシリン」をはじめ「救急車」や「瓶詰」・「缶詰」、「トレンチコート」や「ダッフルコート」に「カレーライス」など、自国の兵士の衛生状態や栄養状態を良くしようと開発されたものが目につく。

結局、戦争はきっかけに過ぎず、「発明」という行為の本質は「人に楽をさせたい」、「人の役に立ちたい」という思いなのだと再確認した次第だ。同時に、これだけ多くの事柄を「発明」し、現在の私たちの生活に影響を与える戦争のダイナミズムも思い知らされる。もちろん本書は戦争を肯定する目的で書かれたわけではない。願わくば、筆者の存命中に「戦争を根絶する発明」にお目にかかりたいものだ。

さて、執筆にあたっては史実についての誤解や勘違いを避けるべく、各項目とも基本的に複数の書籍にあたるよう心がけた。ただ「発明」という行為については、「誰が世界で最初か」をはじめとして、諸説紛々な側面もある。筆者の独自の視点・着想に基づいて結論づけた部分も多々あることを、お断りしておく。

最後に、前作『戦国時代の大誤解』に引き続き、今回も編集の労をとってくれた、担当の吉本竜太郎さんに感謝したい。また、本書を読了して頂いた皆様に御礼を申し上げる。

２０１６年5月　熊谷充晃

参考文献（著者五十音順、敬称略）

青木健『アーリア人』講談社／青木謙知（監修）、デアゴスティーニ（編）『世界の航空機④ 最強の戦闘機 第二次世界大戦』講談社／アドルフ・ヒトラー、平野一郎（訳）『わが闘争（上・（下））』『続・わが闘争』角川書店／新井政美『オスマンVS・ヨーロッパ』講談社／アリストテレス、村川堅太郎（訳）『アテナイ人の国制』岩波書店／有馬学『日本の歴史23 帝国の昭和』講談社／アルフレッド・T・マハン、井伊順彦（訳）、戸高一成（監訳）『マハン海軍戦略』中央公論新社／アレッサンドロ・バルベーロ、西澤龍生（監訳）、石黒盛久（訳）『近世ヨーロッパ軍事史』論創社／飯田洋介『ビスマルク』中央公論新社／家永三郎『太平洋戦争』岩波書店／碇義朗『戦闘機入門』光人社／池田嘉郎（編）『第一次世界大戦と帝国の遺産』山川出版社／石弘之、石紀美子『鉄条網の歴史』洋泉社／伊藤桂一『兵隊たちの陸軍史』新潮社／井上寿一『第一次世界大戦と日本』講談社／ウイリアムソン・マーレー、リチャード・ハート・シンレイチ（編）、今村伸哉（監訳）、小堤盾、藤原大（訳）『歴史と戦略の本質（上・下）』原書房／ウィリー・ハンセン、ジャン・フレネ、渡辺格（訳）『細菌と人類 終わりなき攻防の歴史』中央公論新社／上垣豊『ナポレオン』山川出版社／内田日出海『物語 ストラスブールの歴史』中央公論新社／エドワード・ギボン、中倉玄喜（編訳）【新訳】ローマ帝国衰亡史 普及版（上・下）』PHP研究所／大垣貴志郎『物語 メキシコの歴史』中央公論新社／大澤武男『青年ヒトラー』平凡社／大杉一雄『日米開戦への道（上・下）』講談社／大谷正『日清戦争』中央公論新社／大波篤司『図解近接武器』『図解ハンドウェポン』新紀元社／岡田和裕『ロシアから見た日露戦争』光人社／関田淳子『ドイツ王室一〇〇〇年史』中経出版／岡田登『中国火薬史』汲古書院／鹿島茂『怪帝ナポレオン三世』講談社／片桐大自『聯合艦隊軍艦銘銘伝 普及版』光人社／加藤朗『兵器の歴史』芙蓉書房出版／金子常規『兵器と戦術の世界史』中央公論新社／株式会社レッカ社（編著）『世界の「戦艦・空母」がよくわかる本』『第二次世界大戦の「将軍」がよくわかる本』PHP研究所／烏丸千『もしも日本が消えたなら』アース・スターエンターテイメント／河野淳『ハプスブルクとオスマン帝国』講談社／川本正知『モンゴル帝国の軍隊と戦争』山川出版社／菊池良生『図説神聖ローマ帝国』河出書房新社『傭兵の二千年史』講談社／北岡伸一『日本の近代5 1924～1941 政党から軍部へ』中央公論新社／木俣滋郎『潜水艦入門』『幻の秘密兵器』光人社／木村靖二『第一次世界大戦』筑摩書房／近代戦史研究会『幻の秘密兵器』廣済堂／クシシトフ・ポミアン、松村剛（訳）『［増補］ヨーロッパとは何か』平凡社／葛原和三『機甲戦の理論と歴史』芙蓉書房出版／熊谷直『軍用鉄道発達物語』光人社／クライヴ・ポンティング、伊藤綺（訳）『世界を変えた火薬の歴史』原書房／クラウゼヴィッツ、篠田英雄（訳）『戦争論（全3巻）』岩波書店／暮らしの達人研究班（編）『縁の下の力持ち』青春出版社／倉山満、鍛冶俊樹『総図解　よくわかる第二次世界大戦』中経出版／クリスティアン・ウォルマー、安原和見、須川綾子（訳）『世界鉄道史』河出書房新社／軍事アナリスツ・プロジェクト『図解　都市破壊型兵器マニュアル』同文書院／源田孝『アメリカ空軍の歴史と戦略』芙蓉書房出版／小林章夫『イギリス名宰相物語』講談社／小林源文『武器と爆薬』大日本絵画／小林直樹『見えない脅威生物兵器』／アリアドネ企画／小山慶太『科学史人物事典』『科学史年表』中央公論新社／近藤好和『騎兵と歩兵の中世史』吉川弘文館／サイエンス得捜班（編）『くらしの科学がわかる本』ＫＫベストセラーズ／サイモン・アダムズ、猪口邦子（日本語版監修）『写真が語る第一次世界大戦』『写真が語る第二次世界大戦』あすなろ書房／笹本駿二『第二次世界大戦前夜』岩波書店／佐藤賢一『フランス王朝史　1・2』講談社／佐藤靖『ＮＡＳＡ』中央公論新社／佐山二郎『日露戦争の兵器』光人社／佐山二郎『日本陸軍の傑作兵器駄作兵器』光人社／沢井実『帝国日本の技術者たち』吉川弘文館／ジェレミー・ブラック、内藤嘉昭（訳）『海軍の世界史』福村出版／設樂國廣（監修）、齊藤優子『オスマン帝国六〇〇年史』中経出版／ジャック・アタリ、斎藤広信（訳）『１４９２　西欧文明の世界支配』筑摩書房／ジョミニ、佐藤徳太郎（訳）『戦争概論』　中央公論新社／ジョン・エリス、越智道雄（訳）『機関銃の社会史』平凡社／ジョン・キーガン、遠藤利國（訳）『戦略の歴史（上・下）』中央公論新社／ジョン・ブリュア、大久保桂子（訳）『財政＝軍事国家の衝撃』名古屋大学出版会／真剣ゼミナール（編）『「はじめ」を探せ！』光文社／眞淳平『人類の歴史を変えた8つのできごとⅠ・Ⅱ』岩波書店／新人物往来社（編）『古代から現代まで君臨したヨーロッパの皇帝・国王２００人』『十字軍全史』『フランス王室一〇〇〇年史』新人物往来社／鈴木直志『ヨーロッパの傭兵』山川出版社／須田武郎『中世騎士物語』新紀元社／世界史小辞典編集委員会（編）『世界史小辞典　改訂新版』山川出版社／全米ライフル協会（監修）、小林宏明（訳）『銃の基礎知識』学研パブリッシング／高橋秀幸『空軍創設と組織のイノベーション』芙蓉書房出版／竹下節子『キリスト教の真実』筑摩書房／竹田いさみ『世界史をつくった海賊』筑摩書房／武田知弘『じつは身の回りにあふれている日本の「すごい」発明』大和書房／田多英範（編著）『世界はなぜ社会保障制度を創ったのか』ミネルヴァ書房／玉木俊明『近代ヨーロッパの形成』創元社／ウィンストン・チャーチル、毎日新聞社（訳）『第二次大戦回顧録　抄』中央公論新社／辻俊彦『レーダーの歴史』芸立出版／／徳田八郎衛『間に合った兵器』『間に合わなかった兵器』光人社／戸髙一成『海戦から見た日露戦争』角川書店／土肥恒之『図説帝政ロシア』河出書房新社／トマス・Ｊ・クローウェル、藤原多伽夫（訳）『戦争と科学者』原書房／トム・スタンデージ、服部桂（訳）『ヴィクトリア朝時代のインターネット』ＮＴＴ出版／中川靖造『海軍技術研究所』光人社／中丸明『海の世界史』講談社／中山茂『科学技術の戦後史』岩波書店／新村拓（編）『日本医療史』吉川弘文館／ニール・ファーガソン、仙名紀（訳）『文明』勁草書房／ニール・マクレガー、東郷えりか（訳）『１００のモノが語る世界の歴史（全３巻）』筑摩書房／ニッコロ・マキャヴェッリ、服部文彦（訳）『戦争の技術』筑摩書房／日本史広辞典編集委員会（編）『日本史小辞典　新版』山川出版社／ネイビーヤード編集部（編）『日本海軍の戦艦』大日本絵画／博学こだわり倶楽部（編）『歴史を動かした兵器・武器の凄い話』『兵器・武器知らなかった凄い話』河出書房新社／橋川文三、今井清一（編著）『日本の百年８　果てなき戦線』筑摩書房／橋川文三（編著）『日本の百年７　アジア解放の夢』筑摩書房／橋口倫介『十字軍』岩波書店／長谷川貴彦『産業革命』山川出版社／秦郁彦『病気の日本近代史』文藝春秋／林健太郎『ワイマル共和国』中央公論新社／林譲治『太平洋戦争のロジスティクス』学研パブリッシング／ピーター・Ａ・ロージ、本野英一（訳）『アジアの軍事革命』昭和堂／びっくりデータ情報部（編）『戦争ウソのような本当の話』青春出版社／ヒュー・Ｓ・モンティフィオーリ、小林朋則（訳）『エニグマ・コード』中央公論新社／広田厚司『ＷＷⅡ秘話』『恐るべき欧州戦』光人社／フィリップ・ゴス、朝比奈一郎（訳）『海賊の世界史（上・下）』中央公論新社／吹浦忠正『「平和」の歴史』光文社／福井憲彦『近代ヨーロッパ史』筑摩書房／藤田昌雄『写真で見る海軍糧食史』『写真で見る日本陸軍兵営の食事』『写真で見る日本陸軍兵営の生活』光人社／藤原辰史『ナチスのキッチン』水声社／船山信次『毒と薬の世界史』中央公論新社／ブレインナビ（編著）『第二次世界大戦の「軍用機」がよくわかる本』ＰＨＰ研究所／別冊宝島編集部（編）『第二次世界大戦　秘密兵器大全』『太平洋戦争秘密兵器大全』宝島社／別宮暖朗『日露戦争陸戦の研究』筑摩書房／防衛大学校・防衛学研究会（編）『軍事学入門』かや書房／ポール・ケネディ、伏見威蕃（訳）『第二次世界大戦影の主役』日本経済新聞出版社／細谷雄一『国際秩序』中央公論新社／本郷和人『戦いの日本史』角川学芸出版／マーチン・ファン・クレフェルト、石津朋之（訳）

『戦争の変遷』原書房／マーチン・ファン・クレフェルト、佐藤佐三郎（訳）『補給戦』中央公論新社／マイケル・I・ハンデル、杉之尾宣生、西田陽一（訳）『米陸軍戦略大学校テキスト　孫子とクラウゼヴィッツ』日本経済新聞出版社／マイケル・ケリガン、石津朋之（監訳）、阿部昌平（訳）『米ソ冷戦秘録　幻の作戦・兵器　1945―91』創元社／マイケル・ハワード、奥村房夫、奥村大作（訳）『改訂版　ヨーロッパ史における戦争』中央公論新社／マクレガー・ノックス、ウィリアムソン・マーレー（編著）、今村伸哉（訳）『軍事革命とRMAの戦略史』芙蓉書房出版／マックス・ウェーバー、濱島朗（訳・解説）『社会主義』講談社／松戸清裕『ソ連史』筑摩書房／松村劭『三千年の海戦史（上・下）』中央公論新社『ナポレオン戦争全史』原書房／三浦權利『図説西洋甲冑武器事典』柏書房／水島とほる『蒸気機関車誕生物語』グランプリ出版／水村光男（監修）『図解　この「戦い」が世界史を変えた！』青春出版社／宮本正興、松田泰二『新書アフリカ史』講談社／村瀬興雄『ナチズム』中央公論新社／モーゲンソー、原彬久（監訳）『国際政治（全3巻）』岩波書店／本村凌二『馬の世界史』中央公論新社／森瀬繚、司史生『図解第三帝国』新紀元社／森村宗冬『アーチャー』新紀元社／山内進『北の十字軍』講談社／山上正太郎『第一次世界大戦』講談社／山田朗、明治大学平和教育登戸研究所資料館（編）『陸軍登戸研究所〈秘密戦〉の世界』明治大学出版会／山田朗、渡辺賢二、齋藤一晴『登戸研究所から考える戦争と平和』芙蓉書房出版／山中恒『戦争ができなかった日本』角川書店／山之内靖『総力戦体制』筑摩書房／横手慎二『日露戦争史』中央公論新社／横山和彦、田多英範（編著）『日本社会保障の歴史』学文社／吉本貞昭『世界史から見た日清・日露大戦争』ハート出版／読売新聞取材班『検証　日露戦争』中央公論新社／ルーツお調べ隊（編）『世界はじめて物語』KKベストセラーズ／ローズ・マリー・シェルドン、三津間康幸（訳）『ローマとパルティア』白水社／渡辺賢二『陸軍登戸研究所と謀略戦』吉川弘文館／和田春樹『歴史としての社会主義』岩波書店／B・H・リデルハート、石塚栄、山田積昭（訳）『ナポレオンの亡霊』原書房／J・E・カウフマン、H・W・カウフマン、ロバート・M・シャーガ（作図）、中島智章（訳）『中世ヨーロッパの城塞』マール社／P・ルクーター、J・バーレサン、小林力（訳）『スパイス、爆薬、医薬品』中央公論新社／W・H・マクニール、高橋均（訳）『戦争の世界史（上・下）』中央公論新社／W・H・マクニール、増田義郎、佐々木昭夫（訳）『世界史（上・下）』中央公論新社／『角川新版日本史辞典　最新版』角川学芸出版／『角川世界史辞典』角川学芸出版／『図説第一次世界大戦（上・下）』学習研究社／『全アメリカ大統領の履歴書』笠倉出版社

著者略歴
熊谷充晃（くまがい・みつあき）
1970 年生まれ、神奈川県出身。
フリーライターとして編集プロダクションに在籍、後に週刊誌の専属フリー編集記者。興味を抱くとさらに知りたくなる好奇心の強さが持ち味で、芸能から社会時事ネタ、風俗から美容・健康法や占いなど幅広いジャンルで活動。
複数の単行本を刊行しているほか、雑誌やムックでも執筆。大手企業の公式サイト内コンテンツや新聞コラムの連載なども手がけている。
歴史に熱中したのは高校時代。以後、日本史では奈良朝以前の古代や戦国時代、西洋史では古代ギリシャ時代やハプスブルク家、中国史では春秋戦国時代や三国時代、ほか世界各地の古代文明などを中心に、気の向くままに知識を求めている。主な著書に『幕末の大誤解』『明治の日本』『戦国時代の大誤解』（共に彩図社）、『黒田官兵衛と軍師たちの「意外」な真実』（大和書房）。

教科書には載っていない
戦争の発明

平成 28 年　6 月 23 日　第 1 刷

著　者　熊谷充晃

発行人　山田有司

発行所　株式会社彩図社
東京都豊島区南大塚 3-24-4
ＭＴビル〒 170-0005
TEL：03-5985-8213　FAX：03-5985-8224

印刷所　シナノ印刷株式会社

URL：http://www.saiz.co.jp
Twitter：https://twitter.com/saiz_sha

　ISBN978-4-8013-0154-2 C0031